ほめられ参観授業のネタ

越智敏洋 編著

明治図書

まえがき

　保護者は教師を評価している。
　アタリの先生，ハズレの先生という言葉が，保護者の間で飛び交っている。
　アタリ・ハズレを評価するポイントの一つが参観だ。
　保護者自身の目で確かめられるからだ。
　4月の参観。
　自分の子どもは活躍しているか，クラスの雰囲気は楽しそうか，先生の授業は知的でおもしろいか。
　全てチェックしている。
　ここでの評価が並以上でなければ，学級経営はつらくなる。
　参観の様子から，保護者の動きが変わってくるからだ。
　その後，保護者からの話が，「先生にお任せします」となるか「あれはいかがなものでしょうか」となるのでは，教師の動きが全く変わってくる。

　子どもたちにとっても参観は晴れの舞台だ。
　高学年になると恥ずかしがる場合もあるが，それでも自分の親が来ると目配せをして，発表をしようとする子どもは多い。
　自分のがんばりを見てもらいたいのだ。
　そんな時に行った授業が，45分座っているだけの授業，作りかけの図工の作品を一緒に作る授業，学芸会と抱き合わせの授業では，信頼度を高めることは難しい。

　子どもが笑顔で活動している授業，鉛筆の動きが止まらない授業，シーンとなって真剣に考えている授業をしたい。
　アイディアがない，内容に困ったという時に開いていただきたいのが本書だ。

先輩から教えていただいた授業，最先端科学を取り入れた授業，自分たちで本を何冊も読み作成した授業が詰まっている。
　「これは使える」と思った授業案をぜひ試していただきたい。
　どれもすぐに追試できる内容となっている。
　きっと保護者と児童から信頼を得る知的で楽しい授業になるだろう。

　本書の内容は，TOSSの実践がなければ書けなかった内容ばかりです。
　また，出版に当たっては明治図書の樋口雅子様に多大なご助言，多くの励ましの言葉をいただきました。
　この場をお借りしてお礼を申し上げます。
　ありがとうございました。

越智　敏洋

目次

まえがき

1章 アタリの先生と言われたい！4月の参観授業ネタ

国語 1年生	親子でニッコニコ，小学校の「勉強」を見てもらおう … 12
生活 2年生	あら不思議⁉　お花で色水できちゃった！ … 16
国語 3年生	五十音図の秘密，日本語の秘密を暴け … 20
体育 4年生	棒がゆらゆら！　棒をキャッチ！　棒で大団円！ … 24
社会 5年生	"おいしいモノ"持ち込みで子どもがヒートアップ … 28
算数 6年生	ああっ！　30とだけは言いたくないのに！ … 32

2章 親子の共同作業を入れたい！参観授業ネタ

生活 2年生	ふれあいながら親子で感じる愛と絆	… 36
国語 中学年	あの昆虫ってこんな漢字!?　絶対読めない難読漢字	… 40
社会 4年生	都道府県・地名がバッチリ！　地図帳博士になろう！	… 44
算数 全学年	親子で対決!?　ペーパーチャレラン	… 48
図工 中学年	江戸時代の折り紙遊びで親子の共同作業	… 52
国語 特支	いっぱい読めるよ！　盛り上がるかるた大会	… 54
体育 低学年	新聞紙で乗って走ってつながって，親子でファイト！	… 58
理科 中学年	親子で野草の生け花を作ろう	… 60

目次 7

3章 普段の授業をベースにしたい！参観授業ネタ

国語 5年生	今日はどうしますか？ 「いつものやつ」でよろしく！	… 64
体育 低学年	心も体もほぐす，クラスみんな仲良し鬼ごっこ！	… 68
社会 3年生	親子でタイムスリップ！ 昭和の良き時代を体験	… 72
音楽 4年生	ただの「肩たたき」が最高に楽しくなる瞬間	… 76
理科 5年生	山から作って初めて分かる「流れる水のはたらき」	… 80
図工 6年生	作品が引き締まる！ 簡単落款印(らっかん)作り	… 82

4章 成長している子どもの姿を示す参観授業ネタ

道徳 低学年	美しい言葉で心も体も健康に	… 86
道徳 低学年	「自分のスリッパをそろえない文化」との闘い方	… 90
道徳 中学年	オリンピック選手を育てる基本法則はこれだ！	… 94
学活 中学年	男子と女子の同じところ，違うところ	… 98
学活 高学年	大人は18歳から？　20歳から？　それ以外？	…102
道徳 高学年	杉原千畝は正しいことをしたのか	…106
図工 低学年	封筒の中にいるのは!?　びっくりバタバタを作ろう	…110
音楽 低学年	パーツに分けて活動的な音楽授業	…114
学活 中学年	ゲームと仲良く付き合っていこう	…118

道徳 高学年	スマホって本当に便利なの？	…120
道徳 高学年	ルール作りの大切さに気付かせる LINE の授業	…124
学活 高学年	小学生だから素直に学べるお金の困らない使い方	…128

5章 全ての子どもが発言！参観授業ネタ

国語 低学年	どの子も声を出して笑顔になれる楽々暗唱授業	…132
算数 中学年	黒板の前に子どもがずらり，ノートに式がずらり	…136
理科 中学年以上	なが〜い回路から，日本の最先端「超伝導」の勉強	…140
社会 5年生	島である沖ノ鳥島を守る	…144

6章 教室の雰囲気を盛り上げる！参観授業ネタ

音楽 低学年	鳴き声のまね遊び	…148
学活 低学年	勝って優勝，負けても優勝！　もちろん０枚もすてき！	…152
国語 中学年	保護者＆外部講師とのコラボでさらに熱中百人一首	…156
学活 中学年	戦隊ヒーローはいつだって遅れてやってくる	…160
学活 高学年	全員参加でワトソンくん体験―宝探しイベント―	…162
算数 中学年	三角形・四角形の学習はパズルで楽しく締めくくる	…166
体育 中学年	お姫様だっこ＆ぐるぐるリレーでグラウンドに響く大歓声	…170
体育 高学年	予測不可能！　踊る新聞紙	…174

1章 | アタリの先生と言われたい！ 4月の参観授業ネタ

親子でニッコニコ，小学校の「勉強」を見てもらおう

1 準備物

・フラッシュカード（紙媒体）
　ただし，パワーポイントでデータを作る際は不要。
・パワーポイントでデータを作ると，何度も使える。

　1年生で最初の参観授業。保護者は，わが子がしっかりと授業を受けているか，担任がしっかりと授業の基本を教えてくれているのか見に来る。コマとパーツで授業を分けて発表や活動を多く取り入れ，楽しく，元気に学習している姿を見せる。また，要所要所で子どもがしっかり基礎基本を学校で教えてもらっているという印象を保護者に与えるようにする。

2 授業

① お口の体操

② ひらがなフラッシュカード
ひらがなフラッシュカードを見せる。
全員→男女→列ごとに一人ずつ立たせて言わせる。

　先生が見せるひらがなカードが読めるかな。

全員で読ませる。
（ひらがなを紙に書いたもの，あ行からわ行まで作っておくとよい）

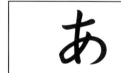
ひらがなフラッシュカード

　男の子立ちます。先生が見せるひらがなカードを読みます。

次に女の子を立たせて読ませる。

> ○○さんの列，立ちます。前から順番にひらがなを読んでいきます。

一人一人立たせて言わせる。（読んだら座らせる）

参観日なので，全員の発表場面を作る。

③ **あいさつカード**（お便りのイラスト集などを使って，イラストを紙に印刷したもの，描いてもよい）

> カードを見て，あいさつを言います。

教師「朝のあいさつ」　　子ども「おはようございます」
教師「昼のあいさつ」　　子ども「こんにちは」
教師「朝出る時は」　　　子ども「行ってきます」
教師「帰った時は」　　　子ども「ただいま」
教師「給食食べる時は」　子ども「いただきます」
教師「夜寝る時は」　　　子ども「おやすみなさい」
教師「あやまる時は」　　子ども「ごめんなさい」
教師「感謝の気持ち」　　子ども「ありがとう」

順番にカードを見せながら，あいさつを言わせる。

毎日国語の時間に少しずつ行っておくとよい。

教師が「朝のあいさつ」と言いながら，カードを見せ，子どもに「おはようございます」と言わせる。

あいさつカード

最初に全員に言わせる。

次にカードをランダムにして，列ごとに立たせて，個別に言わせる。

> 教科書，「しりとり」のページを開けます。
> 「（背筋）ぴん，（足）ぴた，（背中こぶし一つ分空ける）ぐー」
> 教科書を立てて読みます。

初めての参観なので，しっかりイスに座っていること，教科書をしっかり立てていることなど，授業に集中しているところをしっかりと見せる。

イスの座り方「ぴん，ぴた，ぐー」は毎日繰り返し唱えさせておく。

（背筋）ぴん，（足）ぴた，
（背中こぶし一つ分空ける）ぐーの姿勢

> お隣の人としりとりをします。10個言えたら座りなさい。全員起立。

何組か立たせて，発表させるとよい。

> AさんとBさんのペアが一番早かったです。
> 前に出てきて発表してもらいます。

一人ずつ言わせてもよい。

> ○○さんの列，起立。山岸先生の「や」から始まる言葉を順番にしりとりしていきます。一度出て来た言葉はだめだよ。

やま→まり→りす→すいか→からす→すずめ

④ 「あいうえお」で言葉作り

> お口の体操「あいうえお」

子ども「あいうえお」
教師「あ」　子ども「あ」
教師「い」　子ども「い」
「う」「え」「お」と行っていく。
だれないようにテンポよくやる。

> □に入る言葉，分かるかな？　ノートに書きます。

あ□　　い□　　う□　　え□　　お□

板書する。

> ノートに下敷き，ちゃんとはさんでいるかな。丁寧に書けているかな。
> きちんと鉛筆，持てているかな。ぴんととがった鉛筆で書くんだよ。

学習の基礎をしっかり教えてもらっていることを保護者に知ってもらう。

　　書けたかな。
　　○○さん，待っている姿勢が良いねえ。発表してもらおうかな。
　　△△くん，鉛筆をきちんと置いて待っているね。

何人かに当てて，発表させる。
あり，いし，うし，えき，おに。

　　もっと難しいよ。これは分かるかな。

あ□□　　い□□　　う□□　　え□□　　お□□

あひる，いるか，うさぎ，えほん，おばけ。

　　これが解けたら，スーパーかしこい１年生。お隣さんと相談してもい
　　いよ。

あ□□□　　い□□□　　う□□□　　え□□□　　お□□□

あさがお，いのしし，うめぼし，えんぴつ，おりがみ。

〈板書〉

「あいうえお」でことばづくり

あり、あい、あめ
いし、いす、いか

あ□　い□　う□　え□　お□
あ□□　い□□　う□□　え□□　お□□

下に子どもの発表を書いていく。

（山岸　良子）

| 1 章 | アタリの先生と言われたい！　4月の参観授業ネタ |

あら不思議!?
お花で色水できちゃった！

　ビニール袋に花と水少々を入れて，手でもんで，色水を作る。オシロイバナ，ヨモギ，タンポポ，ツツジ，パンジーやアジサイ，アサガオなど身近にある花で，色々な色の色水を作ることができる。参観日なので，親子で共同作業してもおもしろい。

1　準備物

・ビニール袋　3枚（作りたい色水の数だけ）
・ゼリーカップやプリンカップ（牛乳の箱を切ったものでもよい）　3個
・和紙（折り紙の大きさに切ったもの）　3枚
・新聞紙　1〜2枚

2　授業

授業を始める前に花を摘んでおく。
家から花を摘んで持って来させてもよい。

　指示1　摘んできた花を細かくちぎります。
　ビニール袋に，花と少量の水を入れます。（水は多すぎると色が薄くなるので，少量でよい）

←花を細かくちぎる（ツツジ）

1章 アタリの先生と言われたい！ 4月の参観授業ネタ　17

指示2　ビニール袋の外側からよくもみます。

花一つにつき，ビニール袋一つを使う。

ビニール袋に少量の水を入れ，花を入れてもむ。

説明1　水に花の色がつきます。 **花によって，どんな色になるかよく観察しましょう。**

前で説明しながら，行う。

花をもんで色が出てくると，「わー」という歓声が上がる。

指示3　ビニール袋に作った色水を出すために，ビニール袋に小さな穴を開けます。 　ゼリーカップに色水を入れます。

　　はさみでビニール袋を少し切り，色水をゼリーカップに移す。（こうすれば，花殻がビニール袋の中に残る）

←色水をゼリーカップに移したもの

指示4　和紙を4回折ります。

前で一緒に折りながら説明する。

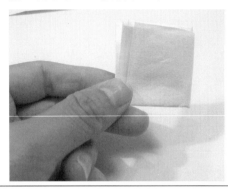

←四角に4回折った形

指示5　すみ4カ所に色水をつけます。

すぐに水が染み込むので，あまりつけすぎないようにします。

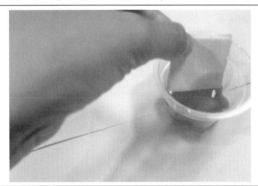

←すみ4カ所に色水をつける

指示6　色水をつけたら，和紙を広げます。

どんな模様ができましたか。お隣さんと交換して見てごらん。

指示7　次は三角に4回折ってみましょう。

また，すみ3カ所に色をつけます。

1章　アタリの先生と言われたい！　4月の参観授業ネタ　19

←三角に4回折った形

| 説明2　折った形によって，できる模様が変わってきます。おもしろいですね。 |

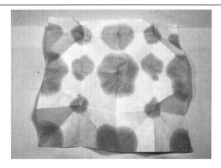
↑四角に折って染めたもの

↑三角に折って染めたもの

| 指示8　和紙は新聞紙にはさんで置いておきましょう。 |

慣れてきたら，自分で好きな形に折らせて，好きな箇所を染めさせる。

| 指示9　お友達と色水を交換して染めてもいいですよ。いろんな形や，いろんな箇所を染めて，どんな模様になるか比べてみましょう。 |

絵の具と違って，優しい色合いの色染めが出来上がる。

（山岸　良子）

1章 アタリの先生と言われたい！　4月の参観授業ネタ

五十音図の秘密，日本語の秘密を暴け

1年生で習ったはずの五十音図，当たり前のように使っている日本語。
それでも，まだまだたくさんの秘密がある。
お家の方でも答えられないようなたくさんの秘密に迫る，盛り上がる授業。

1 準備物

- 五十音図（紙媒体）
  ただし，パワーポイントでデータを作る際は不要。
- パワーポイントでデータを作ると，学年が変わるごとに何度も使える。

2 授業

五十音図を提示する。

> 先生に続けて読みます。

「あいうえお」から元気よく一緒に読む。

> 1年生の時に習いました。
> 何図と言いましたか。

五十音図。

> 五十音図ですが50ありません。
> なぜですか。

四捨五入をしたら50音になる。
「や」の後ろに「い」が入る。
様々な発表がある。
それらを聞いた上で，図を提示して説明する。

```
あいうえお
かきくけこ
さしすせそ
たちつてと
なにぬねの
はひふへほ
まみむめも
やいゆえよ
らりるれろ
わうゐゑを
```

五十音図

> まず，昔はこの他に，「ゐ」と「ゑ」がありました。
> さらに，「い」と「う」と「え」はここにもあるとされています。
> そして，「ん」は50音以外のものとされていました。

> ところが日本語はこれだけではありません。
> 「がぎぐげご」のように，もっとたくさんの言葉があります。
> できるだけたくさんノートに書いていきます。

まずは個人で探させる。

> いくつ見つけましたか。

70～80個くらいになる。

> 全員で寄ってたかって，それだけですか。
> もっとあります。
> 探しなさい。

ニコニコとしながら，児童により探すよう求める。

さっきまでよりも盛り上がって探す。

> 班で見つけたものを教え合います。

私の学級では，3年生5人班で，111個見つけた。

> 111個，そんなにあったかなぁ。

間違いだ，などの声が上がる。

答えを提示する。

> 様々な説があります。
> 例えば，104個，112個などと言われることもあります。
> 125個という場合もあります。
> ここでは，125個を紹介します。

驚きの声が上がる。

あいうえお
かきくけこ　がぎぐげご
さしすせそ　ざじずぜぞ
たちつてと　だでど
なにぬねの　ばびぶべぼ
はひふへほ　ぱぴぷぺぽ
まみむめも　きゃきゅきょ
やいゆえよ　しゃしゅしょ
らりるれろ　ちゃちゅちょ
わゐうゑを　にゃにゅにょ
ん　　　　　ひゃひゅひょ
　　　　　　みゃみゅみょ
　　　　　　りゃりゅりょ
　　　　　　しぇ　ちぇ　てゅ
　　　　　　ぎゃぎゅぎょ
　　　　　　じゃじゅじょ
　　　　　　びゃびゅびょ
　　　　　　ぴゃぴゅぴょ
　　　　　　じぇ　でゅ
　　　　　　ふぁ　ふぃ　ふぇ　ふぉ
　　　　　　ヴァ　ヴィ　ヴェ　ヴォ
　　　　　　うぃ　うぇ　うぉ
　　　　　　てぃ　でぃ

本当にその音が日本語で使われているのか見ていきましょう。
読みます。「きゃ，きゅ，きょ」。

「きゃ，きゅ，きょ」を使った日本語を，それぞれノートに書きます。

書かせてから発表させる。
キャッチボールのような「外国語」は挙がるが，「日本語」が出てこない。

日本語で探します。

恐竜（きょうりゅう），休暇（きゅうか），客（きゃく）など多くある。

「ひゃ，ひゅ，ひょ」を使った日本語を，それぞれノートに書きます。

百（ひゃく），氷点下（ひょうてんか）など，「ひゃ」「ひょ」は多くある。
「ひゅ」が難しい。

「ひゅ」は見つけられませんか。
広辞苑（第6版）という辞典では，3つしか載っていませんでした。

> 一つが「日向（ひゅうが）」，あと二つが「ひゅう」「ひゅうひゅう」です。

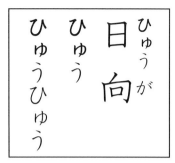

> 次，難問です。
> 「みゃ」「みゅ」「みょ」を探しなさい。

脈（みゃく），妙高（みょうこう）など多くある。

「みゅ」が難問だ。

> これが読めたら正解です。
> 苗字で「大豆生田」が「みゅ」を使っています。
> ノートに予想を書きなさい。

「おおまみゅうだ」と読む。

下のような話をして，授業をまとめる。

3 学級通信の一部

> 知っているつもりのことでも知らないこと，世の中にはたくさんあります。
> 目の前に答えがあっても，見えないこともたくさんあります。
> これを「あれども見えず」と言います。
> 「勉強」は覚えるだけだったり，考えたりするだけではありません。
> たくさんのことを学び，知ることで，今まで当然だった何かをちょっと違う見方で見ることができるようになっていきます。
> 色々なことを勉強していく1年にしていきましょう。

【参考・引用資料】
原実践：『伴一孝「向山型国語」で力をつける　第1巻「向山型国語」は旧文化を駆逐する』（明治図書）

（越智　敏洋）

1章 | アタリの先生と言われたい！　4月の参観授業ネタ

棒がゆらゆら！　棒をキャッチ！ 棒で大団円！

体育館での授業。まず，棒を使って準備運動。次に指を使った簡単な運動でやる気を高める。「タッチ＆キャッチ」では，一人の次はペアで，次は4人で，最後は全員で，というように人数を増やすと興奮度が増す。

1 準備物

・体操棒（クラスの人数分＋保護者分）
・ミニコーン　六つ

2 授業

子どもたちを集合させ，次のように言う。

> 今日の体育ではこれを使います。

そう言って体操棒を見せる。

子どもたちは，

「なんだろう」

「どうやって使うのだろう」

という顔を見せる。

> 今からこの棒がみんなの友達です。
> とっても仲良しになってほしいなあ。
> だから，今日は棒を持ちながら準備運動をします。
> 振り回すと危ないので必ず棒の端と端を持っておきますよ。

そう言って棒を1本ずつ配付する。

> ちゃんと棒の端と端を持っている人？

すぐに棒の持ち方を確認し，できている子を褒める。

教師は体育館のステージの上に立つ。
(とびばこやマットの上など，目立つところならどこでもよい)
そうすると一目で教師の動きが分かる。
両手で体操棒の端を持って屈伸，伸脚，アキレス腱伸ばし，ジャンプなどの運動を次々に行う。

> 教師：1，2，3，4。
> 子ども：5，6，7，8。

様子を見て名前を呼んで次々に褒めていく。
声の大きい子，手足をしっかり伸ばしている子，教師と目が合う子などだ。
・Aくんは，元気がいいなあ。いい声が出ているよ。
・Bくんは，足がぴんと伸びているね。かっこいいなあ。
・Cくんは，先生と目が合ったね。うれしいな。

全ての準備運動において両手で棒の端を持ち，肘を伸ばしながら行う。
準備運動が終わったら，一度集合させる。

> 次は，棒を指の上に乗せて遊んでみましょう。

子どもたちの前で見せる。
中指でやるとやりやすい。

> できそうな人？
> できない人は先生のところへ相談しにきてね。
> 早くできた人は違う指でやってごらん。

体育館の中を自由に歩かせる。
5分ほどしたら，子どもたちを集めて感想を聞く。

> もう友達になれた人？

だいたいの子の手が挙がるだろう。
肘を伸ばして手を挙げている子を褒める。

> 感想を言ってごらん。

数名の子どもに発表させる。
例えば，次のようになる。

> ぼくは友達になれたと思います。
> なぜなら，いろんな指で乗せてあげられたからです。

感想の後は，子どもをステージに向かって6列縦隊に並ばせる。

> ここから体育館のステージまで棒を指に乗せて歩きます。
> 行けたら次の人の邪魔にならないように，外側を通って戻ります。
> 棒が指から落ちてしまってもそこから続きをします。

スタートにミニコーンを置いておく。
始めの6人にやり方と戻り方をさせる。
前の子が半分くらいまで行ったら次の子をスタートさせる。
できた子はいろいろな指でやってみると飽きがこない。
この後，手の甲や足の甲などの技に挑戦させてもよい。
中でもおでこやあごに乗せる技などはハイレベルだ。
一通り終わったら一度集合させる。

> 次は，「タッチ＆キャッチ」をします。
> そう言って体育館の壁ぎわに集合させる。
> 棒を立てます。
> 棒の上を右手の指で押さえます。
> 左手で体育館の壁をタッチします。
> 一瞬，棒から右手が離れます。
> 棒が倒れてしまうまでにキャッチします。
> 先生は…できるかなあ。

子どもたちに聞く。
では，いきますよ。
子どもたちを見回す。
少し間をおいてじらしてからやってみせる。
子どもたちは目を皿のようにして見ている。

> できたので，壁からもう1歩離れてやってみます。

そう言って壁から1歩分離れる。

> 次はできるかなぁ。
> できると思う人？

そう聞いてからやってみせる。
この時点で子どもたちはやってみたくてうずうずしている。

> みんななら壁からどのくらい離れられるかな。
> やってごらん。

子どもたちを半分くらいずつに分け，それぞれ体育館の壁に行かせる。
保護者には自分の子どもの近くに行ってもらうとよい。
5分ほどしたら次はペアでする。
一度集合させ，

> 2人組を作ります。
> できたら座ります。

できそうなペアを前に出して例示させる。

> いっせいの，せ！

と言わせて相手の棒を右手で取る。
半身になるとやりやすい。
できたら，どちらかが相手から1歩離れる。
ペアの次は4人で行う。
ここは，生活班などでさせると仲間はずれが出ないし，すぐにグループが出来上がる。
このようにして人数を増やしていき，最後はクラス全員で行う。
最後は保護者も入ってもらって大きな円を作る。
全員がキャッチできたら自然に大きな拍手が起こる。

（佃　深生）

1章 アタリの先生と言われたい！　4月の参観授業ネタ

"おいしいモノ" 持ち込みで子どもがヒートアップ

　知っていそうで知らないパイナップルの実の付き方を考える中で，農業への興味を高める。教材が「食べられるモノ」なので，子どもの興奮度が高い。

1 準備物

・葉付きのパイナップル（400円くらい）
・パイナップルが入る紙袋
・包丁・まな板（授業後半でパイナップルを切る）・ゴミ袋
・爪楊枝

2 授業

　　先生，とってもいい物を持って来ました。
　　見たい人？

　授業始めの演出が大切だ。

　　姿勢が悪い人がいるなぁ。
　　見たい人？
　　手が真っ直ぐ挙がっていないなぁ。

　叱るのではなく，やりとりの中で，よりよい方向に向かわせていることを保護者に知らせる。

　　ちょっとだけ見せます。

　すぐにパイナップルだと分かる。

　　このパイナップルで勉強します。
　①　パイナップルはどのようになっていると思いますか。
　　ノートに絵で描きます。

例えば，次のような意見が出る。

パイナップルを，順番に近くで見させたり，さわらせたりする。
テレビで紹介されて知っている場合，実際に見たことがある場合もある。
その時は，次のように話す。

| よく知っていたなぁ。すごい！ |

知っていたことに驚き，その意見を受け入れる。
「言ってはいけません」という雰囲気にしない。

| 　知っている人は，その通りに描きなさい。
　今，描いている人は，その形で描き続けます。
　どのくらいの種類のパイナップルのなり方が出るか知りたいですから。 |

新たな「なり方」が出てくる度に板書させていく。
まとまったら，イチゴ型，大根型，椰子の木型などに分類していく。

| 　みんなの意見はどれに近いですか。 |

近い意見に挙手をさせ，確認する。

| 　どのようにしたら調べられますか。 |

辞典，インターネット，沖縄の人に聞く，育てる，お家の人に聞くなどの意見が出る。

| 　たくさん考えられましたね。
　ちょっと難しいだろうという方法もありますが，このようにたくさんの意見が出せるというのが大切です。 |

> それじゃあ，それらの方法で調べてきましょう。
> 今は答えを教えません。

「えー」と声が上がるが，そのまま進める。

> ②　パイナップルを横に切ります。
> 切り口はどうなっていますか。
> ①と同じようにノートに描きます。

種がある，空洞になっている，芯があるなど，様々な意見が挙がる。

> では，どうやって調べられますか。
> できるだけたくさん挙げなさい。

圧倒的多数を占めたのが「切る」。
レントゲンをとって調べるという驚く意見も出た。
「もったいないから切りません」と言いながらも，手を拭き，包丁を持つ。
子どもからは「切るの？」と声がかかる。
ニコニコしながら，黙ってパイナップルを持つ。
子どもは，興奮状態になる。
静かになるよう，手で制する。
保護者は，このやりとりを楽しそうに見ている。

> ③　切ります。
> 上，中，下。
> どこが一番おいしいと思いますか。
> 書きなさい。

一気に鉛筆が動く。

> どうやったら確かめられますか。

「食べる！」と大きな声で返事がある。
5年生でも，元気な返事となる。

> 一人一切れずつ，食べていいです。

「いただきます」をしてから，食べさせる。
お母さんと半分ずつ分ける子どももいた。

1章　アタリの先生と言われたい！　4月の参観授業ネタ　31

食べた人から感想を書きなさい。
上がおいしかった人？　中？　下？（挙手をさせる）

どこもおいしいですね，とまとめる。

④　このパイナップル，どこで買ったと思いますか。

近くのスーパーです。

⑤　では，このパイナップル，どこでできたと思いますか。

沖縄，フィリピン，インドネシアなどが挙がる。

何がどこで取れるのか，どうやって運ばれてくるのか，ということについてこれから一緒に勉強していきましょう。

【参考・引用資料】
原実践：有田和正『4年生に育てたい学習技能』（明治図書）

（越智　敏洋）

1章 | アタリの先生と言われたい！　4月の参観授業ネタ

ああっ！　30とだけは言いたくないのに！

ゲームの仕組みに気付けば勝利できる。始めは代表の子ども2人で例示し，ルールを理解させる。次に2人組で対戦。最後に教師と戦う。保護者と勝負させるとさらに盛り上がる。

1 準備物

・1枚のスライドに一つの数字を入れ，1～30までを順に見られるようにした提示用のコンテンツ（①，②，③…㉘，㉙，㉚）

2 授業

> 今日はみなさんと算数のゲームをしたいと思います。
> （タイトル「30はだめよゲーム」を提示）
> タイトルは「30はだめよゲーム」です。
> 言ってごらん。

| 30はだめよゲーム |

子どもにタイトルを言わせる。

> 「だめよ」に気持ちが込もってないなぁ。
> 先生のまねをして言ってごらん。
> 30は「だめよ」。

「だめよ」の部分におおげさに感情を込めて言う。

教室が少し笑いに包まれる。

このような演出も必要だ。

> ルールは次の三つです。
> （ルールを提示）
> 読んでごらん。

子どもに読ませる。

読ませたらすかさず言う。

| 練習でやってみたい人？ |

目立ちたがり屋の子が挙手をするだろう。

その中の2人の子を指名し、その場に立たせる。

ルール
1　2人組で交互に数字を言う。
2　三つまで数字を言える。
3　30を言った方が負け。

> では，始めます。
> まずは，「よろしくお願いします」と言って握手をします。（握手する）
> 次に，2人でじゃんけんをします。（Aくんが勝ったとする）
> Aくんが勝ったので，Aくんが先攻か後攻かを決められます。
> Aくん，どうしますか？（先攻を選んだとする）
> では，Bくんが後攻ですね。
> では，Aくんからです。どうぞ。

このように言ってゲームを開始。

テレビや大型スクリーンなどで画面を映してあげると，見ている子どもたちや保護者にも分かりやすい。

これらを準備できない時は黒板を使う。

子どもたちは数字を言いながら自分たちで黒板に書く。

最後に30を言ったり書いたりした方が負けとなる。

Aくん：1，2，3。
Bくん：4，5。
Aくん：6，7，8。
Bくん：9，10，11。
Aくん：12。
Bくん：13，14…

| 1 | 2 | 3 |
| 4 | 5 | |

上記のように勝負が続いていく。

教師は,

> そう来たか！
> 三つ言いましたか！
> 一つだけ言うのもありだよ。

などと言って場を盛り上げていく。

数字が30に近づくにつれて緊張感が高まる。

> Aくん：25, 26。
> Bくん：27, 28, 29。
> Aくん：30。

シーンとなる教室。
Aくんが30と言ってから、右のスライドを提示。
そして告げる。

30
残念でした！

> 只今の勝負, Bくんの勝ち！
> 終わったら握手をします。（対戦した2人が握手をする）

この辺で, 自然と拍手が起こる。

> 今, 拍手してくれた人？
> 2人のがんばりをたたえてくれたのですね。
> とてもよい勝負でした。
> しかし, 今のは練習です。
> 次からが本番ですよ。

これで負けてしまったAくんも一気に笑顔。
それを見届けてから, 次のように言う。

> それでは, 色々な人と対戦します。
> まずは隣の友達と。
> それが終わったら自由に対戦します。
> 5回勝った人は後ろにいるお家の方と勝負をしてもいいです。

全員を起立させ, どんどん対戦させる。
教師は子どもたちがどんどんペアを作れるように声をかける。

ゲームの中盤で子どもたちをいったんその場に座らせて次のように言う。

> 5人以上とできた人？
> 男女関係なくできた人？
> 保護者の方とできた人？

それぞれに挙手をさせて，子どもたちを褒める。
1ゲームに1分くらいはかかるので，10分くらいは時間を取る。

> まだ2週間もたっていないのに，全員がたくさんの友達とできましたね。
> では最後に先生と対戦してみたい人？

何人かが挙手。
2～3人と対戦し，教師が全て勝利する。（必勝法がある）
最後に次のように語る。

> 6年生のみなさんならうすうす分かっている人もいると思いますが，このゲームには必勝法があります。
> もちろん算数なので数字が関係あります。
> みなさんの頭脳なら卒業するまで，いや今週中には先生に勝てるはず…。
> いつでも挑戦を受けますよ。

そう言って授業を終える。
子どもたちは，休み時間や給食を食べ終わってからも熱中する。
家で保護者と練習してくる子もたくさんいた。

【「30はだめよゲーム」の必勝法】
30を相手に言わせるためには，自分が29を言えばよい。29を言うには25を言えばよい…。そうすると，「25→21→17→13→9→5→1を言えばよい」となる。つまりじゃんけんで勝ち，「1」を言えば勝てる。また，じゃんけんで負けたとしても，相手がこの方法を知らなければ，上述の数字で相手に交代することで途中からの勝利が可能である。

（佃　深生）

2章 | 親子の共同作業を入れたい！　参観授業ネタ

ふれあいながら親子で感じる愛と絆

2年生3学期の生活科では，児童が自分の生い立ちを振り返る学習を行う。
児童は，お腹の中で成長する赤ちゃんの様子を知る学習や親子のふれあいを通して，母親，父親，家族から受けた愛情と絆を確認できる。

1 準備物

赤ちゃんの心音の音源（You Tube より）・針で穴を開けた黒画用紙・赤ちゃん人形（キューピー人形でも可）・赤ちゃんの成長過程の絵（1カ月ごと）・インタビュープリント

（単元計画）

1次 過去	生まれる前・生まれた時の赤ちゃんの様子を知ろう。（本時）自分の生まれた時，小さい頃の自分を振り返り，自分絵本を書こう。
2次 現在	できるようになったことを自分絵本にまとめよう。周りにいる人たちに感謝しよう。
3次 未来	将来がんばりたいことを考えよう。自分絵本を仕上げ，周りにいる人に手紙を書こう。

2 授業

赤ちゃんの心音を鳴らす。

> 何の音でしょう。

指名する。電車の音，心臓の音など。

> お母さんのお腹の中にいる赤ちゃんの心臓の音です。とても元気です。

2章 親子の共同作業を入れたい！ 参観授業ネタ　37

| お腹の中の赤ちゃん，初めはどれくらいの大きさでしょう。|

言葉で言わせたり手で表現させたりする。

| 針で穴を開けました。みんな初めは，これくらいの大きさだったのです。|

黒い画用紙に針で穴を開けておき，見せる。
児童にも画用紙を配り確認させる。

| その時の人間の赤ちゃんは，次のうちどれでしょう。|

児童と保護者に挙手させる。（図1）

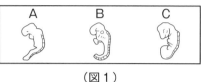
（図1）

| 少し成長しました。|

少し成長した図を見せる。（図2）

| 予想ですから，変えてもいいです。|

予想させる。

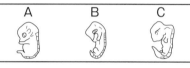
（図2）

| 本当にその予想でいいですか。|

少しじらして見せる。（図3・4）

| 正解は，Bです。お母さんのお腹の中で，3カ月育った赤ちゃんです。|

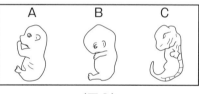
（図3）

| お腹の中の3カ月の赤ちゃん，身長は，何cmくらいでしょう。|

手で大きさを表させる。

| 5cmです。予想と近かったかな。|

5cmの赤ちゃんの絵を黒板に貼る。

| 4カ月でどれくらいになるでしょう。|

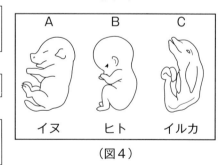
（図4）

5cmの時と同様，予想させる。隣の児童と比べさせる。

| 10cmです。1カ月で2倍になるのです。|

10cmの赤ちゃんの絵を黒板に貼る。

肺，胃腸，肝臓などの内臓が成熟する。

> 5カ月。どれくらいでしょう。

同様に予想させる。

> 25cmです。どんどん大きくなりますね。

全身に毛が生え，お母さんが胎動を感じる時期。

> みんながお腹の中にいる時，お家の人は，どんな声を赤ちゃんにかけていたのでしょう。
> 予想して，お腹に手を当てて，言ってごらん。

> 実際にお家の人に「私がお腹にいた時，どんな声をかけてくれたの？」とインタビューしましょう。
> お家の人が来ていない人は，家に帰ってお家の人に聞けるように，先生の前でインタビュー練習をしましょう。

保護者には事前に知らせておく。
児童にインタビューさせ，配付プリント「うまれる前」欄に記入させる。

> みなさんは，お母さんのお腹ですくすく育っていきました。

6～9カ月は，予想せず，赤ちゃんの絵を貼り，様子を簡単に説明する。

> こうして，赤ちゃんは，10カ月間ほどお母さんのお腹の中で育ちます。生まれる頃には，50cmほどになるのです。

> でも，人によっては，10カ月よりも前に生まれることもあるので，生まれてくる時の大きさは人によって違います。

> みなさんが生まれた時の大きさや様子をお家の人に聞いてみましょう。

インタビューさせ，生まれた時の大きさと様子をプリントに記入させる。

> そして，「オギャー」と生まれた赤ちゃん，今日は連れてきました。

赤ちゃん人形を見せると大変盛り上がる。
抱っこさせ，声をかけさせる。

> みなさんもそんな風に抱っこされ声をかけてもらっていたのでしょうね。
> どんな声をかけてもらっていたのか，今日は，お家の人に，実際に声をかけてもらいます。みなさんは，赤ちゃんです。

児童は，「え～！」と言いながらもうれしそうにニコニコする。
保護者に児童の隣へ行ってもらい，声をかけたり抱っこしたりしてもらう。

> してもらったこと，感想をプリントに書きましょう。

プリントに書き込ませ，発表させる。

> みなさんは，こうしてお家の人に，愛され，育てられて生きてきたのです。

あたたかな雰囲気が教室を包み込む。

> 目を閉じて，静かに音を聴いてごらんなさい。

心音を再び鳴らす。

> 目を開けて。今日の授業の感想を書きなさい。

感想を書き，発表させる。

> これから，みなさんが生まれる前，生まれてからのことをまとめていきます。
> お家に帰って，赤ちゃんの時のことを家族にインタビューしてきましょう。

親子でのふれあいは，愛と絆を確かめ合える。
家庭でのあたたかいインタビューにもつながる。

【参考・引用資料】

TOSSランドNo：2210323「わたしのいのち・あなたのいのち」原実践：松尾清恵
「出産・妊娠のここカラダ」http://baby.cocokarada.jp/index.html
「NAVERまとめ【画像】動物の胎児写真いろいろ」http://matome.naver.jp/odai/2128763332034402001
「Smiling dogs」http://www.geocities.jp/risel_juno/index.html

（吉良　由美子）

2章 | 親子の共同作業を入れたい！　参観授業ネタ

国語 中学年

あの昆虫ってこんな漢字！？絶対読めない難読漢字

小学生なら，誰でも知っている昆虫。
ところが漢字になると，途端に読めなくなる。
「なんとなく」「感覚で」「ひらめき」がものを言う難読漢字問題。
保護者と一緒に楽しめる。

1 準備物

・本ページのコピー（漢字だけをメモしても可）
・パワーポイントでデータを作ると，学年が変わるごとに何度も使える。

2 授業

画像を提示する。

> 読み方が分かったら，手を挙げます。
> 言いません。
> 手を挙げます。

① 鈴虫

ここで「言わない」で「挙手をする」ことを教える。
　教室のルールを守らせているという姿勢を保護者に知らせる。
　また，データで作成する場合は，右のような3枚を順に出していくと分かりやすい。

① 鈴虫

> みんなで言います。
> さんはい。

始めは，全員で声を出させる。

① 鈴虫（すずむし）

教室の空気を明るくすることができる。

「すずむし」だ。

> 第2問。蛍。
> 言える人は立ちます。

体も動かしながら，進める。

「ほたる」だ。

> ほたるの「ほ」は，「火」が語源になっています。

このような知識も教える。

> 見たことがある人？
> 夜ですから，見たことがない人もいると思います。
> お家の方に，蛍を見に連れて行ってもらうとよいかもしれませんね。
> キレイです。

> 第3問。蚊。

「か」だ。

> 蚊は，どうしてこのような漢字を書くか知っていますか。
> 近くの人と相談しなさい。

発表させる。

> 蚊の右側は「文（ぶん）」と書きます。
> 蚊は「ブーン」という音を出すためだという説があります。

「へぇ」という声が上がる。

> 第4問。蟻。

あり。

> 第5問。蟬。

せみ。

> 第6問。揚羽蝶。

あげはちょう。

第4～6問は，テンポよく進める。

> 　着物の裄(ゆき)（肩から袖まで）を長めに作り，その余り部分をたたんで縫うことを「揚げ」と言います。
> 　今でも京都の舞妓さんの着物には揚げがあります。
> 　揚羽蝶が蜜を吸う時，羽根を上げることから揚羽と呼ばれるようになったそうです。

参観で，このような話をすると，教室が知的な雰囲気になる。

> 　第7問。蟷螂。

かまきり。

> 　かまきりは拝んでいるように見えるので「拝み虫」と呼ぶこともあります。
> 　英語でも，Praying mantis（祈り虫）と書きます。

次の問題から，児童に挑戦するように言う。

また，保護者を巻き込む。

保護者は，いきなり授業に入れない。

7問目までにどのような流れかを示し，ここから入らせる。

> 　もう，ここら辺から小学生じゃ無理かもしれない。
> 　お家の方に聞いたり，近くの友達と相談してもよいですよ。
> 　第8問。飛蝗。

ばった。

> 　第9問。蟋蟀。

こおろぎ。

ただし，「きりぎりす」とも読む。

> 　「きりぎりす」は現在の「こおろぎ」のことを言います。

例えば，百人一首に出てくる「きりぎりす」は「こおろぎ」だ。

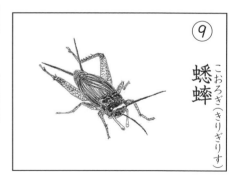

⑨ 蟋蟀（こおろぎ／きりぎりす）

2章 親子の共同作業を入れたい！ 参観授業ネタ　43

最後，これは絶対に読めない！
お家の方でも無理！
第10問。蜚蠊。

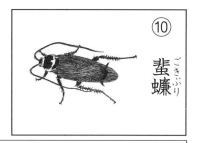
⑩
蜚蠊（ごきぶり）

ごきぶり。

ごきぶり。
時代によって呼ばれ方が違いました。
次のようにです。
どの時代にもいた昆虫だということですね。

平安時代「阿久多牟之（あくたむし）」「都乃牟之（つのむし）」
江戸時代「油虫（あぶらむし）」
明治時代「ごきかぶり」

（越智　敏洋）

2章　親子の共同作業を入れたい！　参観授業ネタ

都道府県・地名がバッチリ！地図帳博士になろう！

4年生

1 準備物

・地図を拡大したもの（なくてもよい）
・地図帳

　地図帳を使って親子で楽しく都道府県探しや地名探しを行う。単純で盛り上がり，楽しみながら都道府県や地名を覚えることができる。

2 授業

① 都道府県探し

　地図帳の最初のページを開けなさい。
　みんなの住んでいる○○県は何地方ですか。

○○地方。

　全員起立。○○地方にある都道府県をお隣さんに言います。
　言えたら座ります。

全員立たせて，座らせることで，全員にきちんと言わせることができる。早かったペアを立たせて，正解を言わせる。

　今から，班対抗で，どの班が早く都道府県を言えるか競争をします。
　分かったら「はい」と手を挙げます。
　日本一高い山がある都道府県はどこでしょう。

静岡県（富士山）。

　地図帳の後ろの方のページ，自然の統計のページを開けます。
　そこに一番高い山が何か載っていますね。

富士山，3776mであること，他にも各都道府県の自然統計についても載

2章 親子の共同作業を入れたい！ 参観授業ネタ　45

っていることを教える。
　黒板に得点表を書く。
　一つ正解したら，1ポイント。（正の字を書いていく）

1班	2班	3班	4班	5班	6班
	丁				

　一番広い面積の都道府県はどこでしょう。地図帳のさっきのページから探してもよいですよ。

北海道（83457km²）。

　一番小さい都道府県はどこでしょう。

香川県（1877km²）。

　一番人口が多い都道府県はどこでしょう。

東京都（1316万人，平成22年国勢調査）。

　一番人口が少ない都道府県はどこでしょう。

鳥取県（58万人，平成22年国勢調査）。

　一番大きな湖がある都道府県はどこでしょう。

滋賀県（琵琶湖　670km²）。

　一番深い湖がある都道府県はどこでしょう。

秋田県（田沢湖　深さ423.4m）。

　一番長い川がある都道府県はどこでしょう。

長野県（千曲川）もしくは新潟県（信濃川　367km）。

　一番南にある都道府県はどこでしょう。

沖縄県。

　世界遺産になったお城のある都道府県はどこでしょう。

兵庫県（姫路城）もしくは京都府（二条城）。

　一番島が多い都道府県はどこでしょう。

長崎県（971島）。

　班対抗は○班の勝ちでした。今から，親子対決です。

> 地図帳を見ていいので，今から，班で先生が今出したような問題を作ってもらいます。必ず地図帳に答えが載っている問題を作ってください。
> 作った問題をお家の人に答えてもらいます。
> お家の人が答えられたら1ポイント。
> お家の人が答えられなかったら，みんなに1ポイントです。

黒板に得点表を書く。
一つ正解したら，1ポイント。（正の字を書いていく）

子ども	親
一	丅

班ごとに前に出させて，問題を言わせる。

② 地名探し

> 東北地方のページを開けます。
> 「一」がつく地名。見つかったら立ちなさい。

一戸（岩手県）。
パワーポイントで東北地方のページを映し，どこにあるか確認する。

> 「二」がつく地名。見つかったら立ちなさい。

二戸（岩手県）。

> 「三」がつく地名。見つかったら立ちなさい。

三戸・三沢（青森県）・三種（秋田県）。

> 他にも数字がつく地名をできるだけたくさん探します。

五戸（青森県）・五泉（新潟県）・六戸（青森県）・六ヶ所（青森県）・七戸（青森県）・七時雨山（岩手県）・七ヶ浜（宮城県）・八戸（青森県）・八郎潟（秋田県）・八幡平（岩手県）・九戸（岩手県）・十和田湖（青森県）・十文字（秋田県）。

> 生き物の名前の地名を探します。

燕つばめ（新潟県）・大鰐おおわに（青森県）・蟹田かにた（青森県）。

> 地図帳のどこのページを見てもいいです。

| 先生や友達の名字や名前の地名をできるだけたくさん探します。 |

　明石（兵庫県），飯田（長野県），飯塚（福岡県），池田（大阪府），和泉（大阪府），市川（千葉県），上田（長野県），大崎（宮城県），太田（群馬県），大野（福井県），大村（長崎県），小野（兵庫県），小山（栃木），春日（福岡県），川西（兵庫県），菊池（熊本県），古賀（福岡県），小林（宮崎県），桜井（奈良県），佐野（栃木県），島田（静岡県），下田（静岡県），諏訪（長野県），高島（滋賀県），高松（香川県），高山（岐阜県），竹田（大分県），田辺（和歌山県），田村（福島県），野田（千葉県），橋本（和歌山県），浜田（島根県），藤沢（神奈川県），松本（長野県），三浦（神奈川県），村上（新潟県）。

| こんな地名が地図帳には載っています。見つけることはできるかな。 |

　宝島（鹿児島県），恐山おそれざん（青森県），親不知おやしらず（新潟県），幸手さって（埼玉県），紫波しわ（岩手県），珠洲すず（石川県），笛吹ふえふき（山梨県），伯耆ほうき（鳥取県），尻屋崎しりやざき（青森県）。

| この地名は難しいよ。読むことはできるかな？ |

　宿毛すくも（高知県），氷見ひみ（富山県），志免しめ（福岡県），甚目寺じもくじ（愛知県），匝瑳そうさ（千葉県），南風原はえばる（沖縄県），平群へぐり（奈良県），南阿蘇みなみあそ（熊本県），箕面みのお（大阪府），宗像むなかた（福岡県），養父やぶ（兵庫県）。

【参考・引用資料】
『地図帳　指導の手引きシリーズ１　地図帳活用はじめの一歩～小学校４年生で身につける地図帳活用法　指導の手引き』（帝国書院）
川原雅樹「地図帳の利用」『教室ツーウェイ別冊2007年８月号』（明治図書）
吉田高志『黄金の三日間　社会の授業開き』（明治図書）

（山岸　良子）

2章 | 親子の共同作業を入れたい！ 参観授業ネタ

親子で対決！？ ペーパーチャレラン

基本の四則計算が入っているので，親子で楽しみながら計算することができる。拡大コピーしたものやパワーポイントなどを使って，実際にやってみせて説明するとよい。

1 準備物

・ペーパーチャレラン（紙媒体）
　クラスの人数の3倍は両面印刷しておく。

2 授業

　ペーパーチャレランは，正解が一つではありません。
　答えが何通りにもなります。高得点を目指して，何度も挑戦することができます。
　親子で対決します。お家の人がいないところは，大人だったら誰でもかまいません。大人一人に子ども二人でやってかまわないので，お友達のお父さん，お母さん，おばあちゃん，おじいちゃんに一緒に勝負してもらいます。
　子どもが勝ったら上のマスに色を，親が勝ったら下のマスに色を塗ります。
　3回勝負をして，どちらが多く勝ったか競います。

一緒にやりながら，ルール説明を行う。

【参考・引用資料】
向山洋一監修，伊藤亮介著『TOSSペーパーチャレラン全集①～④』（東京教育技術研究所）
伊藤亮介監修，こどもくらぶ編集『大人と子どものあそびの教科書　ペーパーチャレラン』（今人舎）
木村重夫『頭と体がフル回転！算数ペーパーチャレラン　1・2年，3・4年』（明治図書）

（山岸　良子）

「7→8→9」チャレラン

（　）年　（　）組　名前（　　　　　　　　　）

ルール

① 計算の答えが「7」になるところに○をつけ，スタート地点とします。

② 次に計算の答えが「8」になる式のところに進みます。そこから今度は，計算の答えが，「9」になるところに進みます。これをくりかえしていきます。

③ この進み方で道をどんどん進んでいきますが，もう先に進めなかったところで終わりになります。
　　いくつの式を通ったかが得点になります。

④ 交わったり，すれちがったりすることはできますが，一度通ったところは，二度通ることはできません。

⑤ 親子で勝負をします。
　　親が勝ったら上に，子どもが勝ったら下の形に色をぬります。3回勝負して，多く勝った方の勝ちです。

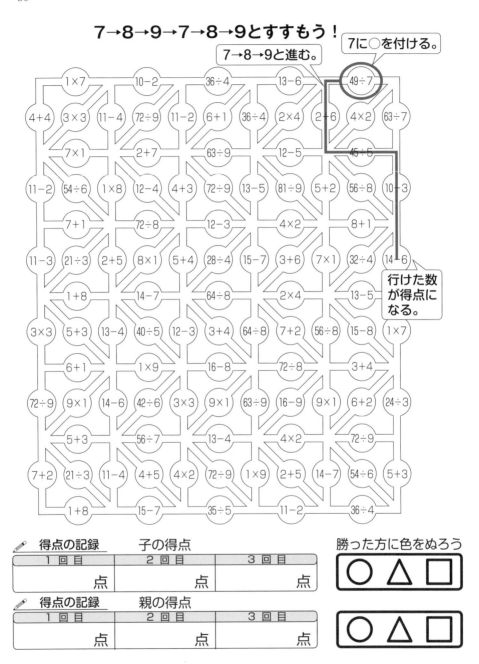

7→8→9→7→8→9とすすもう！

🖉 得点の記録	子の得点	
1回目	2回目	3回目
点	点	点

🖉 得点の記録	親の得点	
1回目	2回目	3回目
点	点	点

勝った方に色をぬろう

○ △ □

○ △ □

2章 | 親子の共同作業を入れたい！　参観授業ネタ

江戸時代の折り紙遊びで親子の共同作業

江戸時代の折り紙遊びに「紋切り」というものがある。
折り紙を型通りに切っていくと模様ができるという遊びだ。
折り紙をはさみやカッターで切っていくことで様々な形ができる。
難度を上げていくと親子での共同作業が自然と生まれていく。

1 準備物

・紋切りの本（大きめの書店などで手に入る）
・紋切りの型（本に付いているものを児童数分以上印刷する）
・折り紙（児童数×5枚以上）
・カッターマット
・はさみやカッター，スティックのりの予備（忘れた児童へ貸すため）

2 授業

| 「紋切り」，さんはい。

1時間を通して行う内容だ。
声に出させて定着を図る。

| 江戸時代の折り紙遊びです。
| 先生が作ってきたものを見せます。

「上手」
「作りたい」
などの声が上がる。

| 折り紙を配ります。
| 一人当たり合計4枚です。

> 班で一番じゃんけんが強い人を決めなさい。

班でじゃんけんをさせて，一番強い児童を立たせる。

> では，この中でじゃんけんをして一等賞を決めます。
> 5班が勝ったら，5班・6班・1班・2班・3班・4班の順です。
> 2枚ずつ取ります。
> 残りの2枚は，さっきの逆順です。
> 弱かった方から取ります。

このような配り方をすると，公平な対応をしていることを知らせられる。

> 次に紋切りの型を配ります。

配り終えたら，はさみとカッター，カッターマット，のりを準備させる。

> 失敗しても大丈夫です。
> 予備の折り紙があります。
> ケガにだけ気を付けて，挑戦していきましょう。

紋切りの型を折り紙に貼り，切っていく。

貼り方の質問が出るが笑顔で「やってごらん」「お家の方に相談してごらん」と対応する。

何度か繰り返しながら，どの面を切ればよいか分かるようになっていく。

> お家の方もぜひ一緒にやりましょう。

という一声と道具を渡すと，親子での共同作業が見られる。

また完成した作品は，新しい折り紙を台紙にしてのりで貼ると，壁を飾る作品群となる。

（越智　敏洋）

2章　親子の共同作業を入れたい！　参観授業ネタ

国語
特支

いっぱい読めるよ！
盛り上がるかるた大会

特別支援学級は学年も学力もバラバラだ。
そのため，共通の課題を設けて一斉授業をすることが難しい。
一人一人違う課題を設けて，教師が個別に指導していくスタイルが多い。
しかし，保護者に一斉授業しているところも見てもらいたい。
そのような時に使えるのが輪郭漢字カード（東京教育技術研究所）だ。
ここでは輪郭漢字カードを使った活動をいくつか紹介する。

1　準 備 物

①輪郭漢字カード（東京教育技術研究所）②読み札（自作のもの）

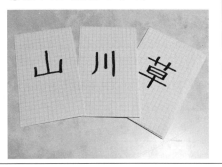

②の読み札は輪郭漢字カードでのかるた用に自分で作る。
自分が読み上げる時に使うだけなので，大きさや形にはこだわらない。

2　授　　業

カードを読ませるパーツ
先生が読んで子どもが繰り返すパーツ
輪郭漢字カードをフラッシュカードのように使う。

先生の後について読みましょう。（カードを子どもたちに見せながら）

教師：山　　子ども：山
教師：山　　子ども：山
教師：川　　子ども：川
教師：川　　子ども：川

子どもは教師が読みを言うので，安心して繰り返すことができる。
カードは10枚くらいで行う。最初は1枚のカードにつき2回ずつ，カードが1周したら，1回ずつ繰り返す。

子どもだけに言わせるパーツ

次はみんなだけで言えるかな。
（全員一斉に言わせる）
これは何でしょう。
子ども：山（教師はカードをめくる）
子ども：川（カードをめくる）
（次々とカードをめくって言わせる）

教師はカードをめくるだけで，子どもたちに言わせる。
もし，子どもたちが詰まるようなら，教師が言って繰り返させる。

次は一人ずつ言いましょう。
教師：はい。（Aくんの方にカードを見せながら）
Aくん：山
教師：よし！（言えたことを褒める）（Bくんの方にカードを向ける）
Bくん：川
教師：すごい！（Bくんを褒める）（Cくんにカードを向ける）
Cくん：水
教師：上手！

一人につき1枚ずつ言わせる。カードがなくなるまで繰り返す。
言わせるのは一人だが，カードは全員が見えるようにしておく。

ここで一人一人を思いっきり褒めることができる。

かるた大会のパーツ

> かるた大会をします。

写真のように，床にカードを置く。

カードの枚数は児童の人数によって調整する。

私の学級では，4人で30枚を使用した。

子どもたちをカードの周りに座らせる。

> 準備はいいですか。
>
> では最初の1枚です。「山」（自作の読み札を読む）

この後，テンポよく進めていく。

> 枚数を発表しましょう。
>
> Aくん，5枚！　拍手！　Bくん，7枚！　拍手！　Cくん，4枚！拍手！。
>
> 今回，一番多かったのはBくん，7枚でした！

一人一人取った枚数を発表し，盛り上げる。

かるた大会を盛り上げるパーツ

> ①　わざと間を空け，こちらに集中させる。

「次は…川」のように，少し間を空けるようにする。

子どもは次に教師が何と言うか集中して聞くようになる。

> ②　子どもの実態に応じてヒントを出す。

「次のカードは果物です」「ピンク色をしています」

こうするとヒントに該当するカードを探そうと集中する。

> ③　ポイントが2倍になるなどのラッキータイムを設ける。

「ラッキータイムです。次のカードを取ると，自分の好きなカードをもう1枚取ることができます」

取った枚数に差が出た場合などに使う。

> ④ 獲得枚数の少ない子が取れるような工夫をする。

例えば，読み札を順番に読んでいるふりをして，獲得枚数の少ない子が取りやすい場所にあるカードを読む。

> ⑤ 教室中にカードを散らばらせる。

教室全体を使って，色々なところにかるたを置き，宝探しのようにする。

お家の人に参加してもらうパーツ

> 次はお家の方にも一緒にやってもらいましょう。
> お家の人に勝てるかな。

保護者も交えての対抗戦を行う。

保護者が参加することで，子どもたちのテンションが上がる。

保護者に勝てたことで飛び上がって喜ぶ子もいた。

私の学級の場合，子ども4人，保護者4人，カード20枚で実施したが，1試合5分程度でできた。

かるた大会には，他にも様々なパターンがある。知っておくことで，その場の状況に応じて活動を変えることができる。

> 様々なかるた大会のパターン
> ① 子どもとその子の保護者のペア戦
> ② 子どもとその子のとは違う保護者のペア戦
> ③ 子ども対保護者のチーム戦
> ④ 子ども対教師（保護者に読んでいただく）

子どもによって保護者が来ない場合もある。

そのような場合，子どもがさびしい思いをしないように，活動を変えなければならない。

特別支援学級は学級によって千差万別だ。様々な活動を紹介したが，学級の実態に合わせて活動を微修正していく必要がある。

（大西　正宏）

2章　親子の共同作業を入れたい！　参観授業ネタ

新聞紙で乗って走ってつながって，親子でファイト！

　低学年の子どもたちは，大人と一緒に活動することが大好きである。参観日をとても楽しみにしている。身近にある新聞紙を使うことで，家庭でも親子でできるような活動をしていく。体育館での授業を想定している。

1 準備物

・新聞紙10日分くらい

2 授業

体操，縄跳びなど普段の準備をしておく。

> （新聞紙1枚を広げて）何人乗れるか，やってみます。

子どもたちは，12～15人くらい乗れる。

> （新聞紙に乗った状態で）おしくらまんじゅうをします。
> 　注意があります。一つ目は，自分が外へ出ないこと，そしてもう一つは，お友達を新聞紙の外へ出さないこと。力一杯押すのではなく，優しく押し合ってください。

体を温めるための活動なので，子どもたちがヒートアップする前に終了する。

（一人での活動）

　一人1枚新聞紙を持たせておく。

> 　5秒間，新聞紙を打ち上げ続けます。落ちないように，がんばりましょう。

　5秒できたら，10秒，20秒に挑戦させてもよい。
　低学年なので，教師が例示してもよい。

（2人組での活動）

> 2人組を作ります。一人が、新聞紙を動かしたり、ヒラヒラさせたりします。そしてもう一人は、その動きをまねします。新聞紙になりきって、動きましょう。

イメージがつかめない子もいるので、全体の前で説明してから行う。壁に張り付いたら、壁に張り付く、ねじる動作をしたら、体をねじる（まねをする）など、新聞紙になりきって活動する。

> 2人組で、手押し相撲をします。新聞紙の上から落ちたら、負けです。

2回戦は新聞紙を半分に、3回戦は新聞紙をさらに半分にして行う。
保護者も、2人組を作り、手押し相撲に参加していただく。

（グループでの活動）

> 新聞紙を使ってリレーをします。新聞紙を手に持たず、体にくっつけて走ります。フープは、両足でジャンプして通過します。コーンを回って戻ってきます。後ろのコーンを回って次の人へバトンタッチです。

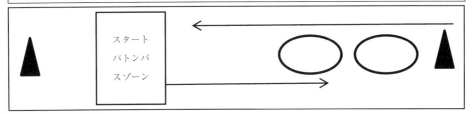

学級の実態に応じて、フープを増やしたり、他の障害物を入れたりしてもよい。

> 次は、保護者の方にも走ってもらいます。保護者チームが入ります。

コースは、保護者チームも含めて6コースを想定している。保護者の中で走る希望が多かったら、2回に分けて保護者対子どもを行う。

> 破れた新聞紙を袋に片付ける競争です。よーい、ドン！

片付けを積極的にしている子を褒める。もちろん教師も片付ける。

> 新聞紙ボールを使って、親子ドッジボール大会をします。ボールは、だんだん増やしていき三つにします。子ども対保護者で行います。

教師は審判。新聞紙ボールをだんだん増やしていく。

（橋詰　知志）

2章　親子の共同作業を入れたい！　参観授業ネタ

理科 中学年　親子で野草の生け花を作ろう

　春の第1回目の参観におすすめである。一人で活動するのではなく，隣同士や班で協力する活動場面もあるので，男女間の交流も自然に生まれる。春から初夏にかけて，多くの植物が花を咲かせていて，植物も手に入りやすい。

1　準 備 物

『わくわくずかん　しょくぶつはかせ』（正進社）
プリンカップ一人一つ　生け花用のスポンジ一人一切れ（いずれもクラス人数分プラス保護者分）　学習園などに生えている野草

2　授　　業

　授業の前の時間か，直前の休み時間に，学習園などで草花を摘んでおく。子どもたちと一緒に摘むと，子どもたちは大喜びで摘む。

　なるべく花がある草花を摘みたい。勤務校の運動場や学習園では，ナズナ，タンポポ，アブラナ，オオイヌノフグリ，キュウリグサ，ハルジオン，シロツメグサなどを摘むことができた。

『わくわくずかん』を使って，みんなが摘んできた草を調べましょう。机を班で合わせましょう。

　アブラナ，ハルジオン，タンポポなど春の草を，『わくわくずかん』を使って調べさせる。

2章 親子の共同作業を入れたい！ 参観授業ネタ　61

> 　草を一つ選んで，班の中でクイズを出し合いましょう。『わくわくずかん』に特徴が書いてあります。それを元に，クイズ作りをします。

下は，『わくわくずかん』のページを拡大したものである。

丸で囲んだ植物の特徴を参考に，クイズを作る。
① 　ナズナは，何月頃見られますか。（3月から6月にかけて）
② 　何科の植物ですか。（アブラナ科）
③ 　ナズナの他の呼び方は何ですか。（ペンペングサ）
④ 　ナズナの高さは，どれくらいですか。（20〜30cm）
このように，それぞれのページを参考に，一人3〜4問のクイズを作る。クイズができたら，班の中で発表し合う。
班の中で代表を決めて，6人くらいで代表クイズをすることもできる。
　クイズが終わったら，次ページの写真のような，プリンカップの中に生け花用のスポンジを入れたものを配る。

一人一つずつ渡す。スポンジは，あらかじめ水で湿らせておく。

> 今から，みんなでとってきた草花を使って，生け花を作ります。お家の人と相談しながら，作っていってもいいですよ。

植物は，3～5種類はほしい。本数にすると，10～15本は必要である。アブラナ，オオイヌノフグリ，キュウリグサ，ハルジオン，シロツメグサなど，花が付いているものがよい。また，三つくらい違う色の花をそろえたい。

スポンジに草花を差していくだけで，生け花ができる。草花は，10cmくらいの長さにそろえておく。

一気に全部差すのではなく，配色や高さなどのバランスを考えながら進めていくことを伝えておく。

> もし，同じ班の人で，自分が持っていない植物を持っていたら，交換したり，もらったりしてもいいです。その時は，ちゃんとお友達にお願いしましょう。

という指示を出しておく。

また，途中で，

> 今から作っている友達の作品を見に行く時間にします。友達の作品を見て，いいなと思ったところは参考にしていいですよ。

という声かけもしておく。友達と交流することで，友達の作品のいいところを自分の作品に取り入れることができる。

保護者にも，同じ生け花セットを渡しておき，子どもの作品を手伝いつつ，生け花を作製してもらう。

全員ができたら，班の中で自分の作品でよくできたところや，友達のいいところを発表し合う。

・ぼくの作品は，ハルジオンの白い花を中心にしました。Bくんの作品のいいところは，色々な種類の花があるところだと思いました。
・私の作品は，ピンク色の花をたくさん使いました。『わくわくずかん』で調べながら生け花をしたので，花の名前を覚えることができました。とても楽しくできました。

> とても上手にできましたね。みんなの作品は後ろに飾っておきましょう。

　作った作品は，教室の掲示物として飾ることができる。しっかりと水やりをすると，1週間はきれいな状態で保つことができる。
　また，夏・秋など，季節の植物を使っての生け花をすることもできる。教室で，ぜひ季節の風を感じたい。

(橋詰　知志)

3章　普段の授業をベースにしたい！　参観授業ネタ

今日はどうしますか？「いつものやつ」でよろしく！

参観の導入では全員が活動している様子を見てもらうことが第一。普段の授業を導入に持ってくる。子どもたちも進み方が分かっているのでスムーズに進む。特別支援を要する子どもも安心して学習できる。

1　準備物

・輪郭漢字カード（東京教育技術研究所）

2　授業

① 輪郭漢字カード（東京教育技術研究所）

チャイムと同時に，輪郭漢字カードから入る。
声を出す教材から入ると，教室が活気に包まれる。

> 先生について読みます。
> 教師：蟹　子ども：蟹
> 教師：蟹　子ども：蟹
> 教師：象　子ども：象
> 教師：象　子ども：象

まずは2回ずつ，次に1回ずつ。
最後は子どもたちだけが読み，教師はめくるだけとなる。

> 上手に言えました。
> もう覚えましたね。
> 次は列対決です。
> 教室を半分に分けます。
> こちらチーム（教室の左半分）がAチーム。

> こちらチーム（教室の右半分）がBチーム。

> どちらのチームが先に答えを言うか勝負ですよ。

そう言って，すぐにカードをめくる。

勝敗は，次のように断定して言う。

> Aチーム！
> Bチーム！
> Aチーム！

多少違っていてもかまわない。

リズムとテンポを大切にする。

> では，1対1の友達同士でやってみたい人？

これは3本勝負。

2ポイント先取制で行う。

> 次は，保護者の方とやってみたい人？

ここで，保護者がざわざわする。

基本的に，自分の親が来ている子が対戦することになる。

大人が勝てば，

> やっぱり大人の本気は強いですね。

となるし，子どもが勝ったら，一言。

> やるなぁ。今日はお母さん，何か一つ願いごとを聞いてくれるかもしれませんね。

と勝った子に言ってあげる。

② 新出漢字（二つ）

> 今日の漢字は性格の「性」です。
> 始め。

この指示だけで，子どもたちが指書き→なぞり書き→写し書きの順でできるように日頃から指導しておく。

指書きでは，スピードを上げて書くように指導しておく。

冒頭のフラッシュカードで声が出ているので，子どもたちは元気よく，リズムよく漢字の指書きができる。
　だいたい終わった頃に，

> 　では，今から空書きをします。
> 　性格の「性」。
> 　さんはい。

と言って，空書きをし，書き順を確認する。

> 　今日は参観ですから，後ろにたくさんの保護者の方が来ています。
> 　後ろを向いて。
> 　さんはい。

　保護者は自分の子の書き順にくぎ付けになる。

③　詩の音読

> 　「丘の上の学校で」を読みます。
> 　先生について読みなさい。

　この後，次のように変化をつける。
　日頃からやっている活動なら子どもたちは参観日でも対応できる。

> 　1　交代読み（教師と1行交代・男女で1行交代・列ごとに1行交代）
> 　2　たけのこ読み（読む時は立って読む）
> 　3　新幹線読み（すごいスピードで読む）

　交代読みでは，1回読むごとに，

> ・歯を見せて読みなさい。
> ・隣の人の声が聞こえた人？
> ・後ろの人の声が聞こえた人？
> ・腰骨を立てて読みます。

などの指示をする。
　できている子を取り上げて褒め，音読に勢いを持たせる。
　次に，たけのこ読みをする。

> 今から，たけのこ読みをします。
> 　自分が読みたいところで立って読みなさい。
> 　何回立ってもかまいませんが，誰も読まなかったら先生が読んでしまいます。
> 　みんなだけで最後まで読めたら，みんなの勝ち。
> 　一度でも先生に読まれてしまったらみんなの負けです。

と言って始める。

　1回目は少しの間でも教師が読んでしまう。

　教師の勝ちとなり，子どもたちは悔しがる。

　ここで，

> しょうがないですね。もう一度やってみますか。

と挑発すると，必ず，

> やりたいです！

となるので，2回目のたけのこ読みをする。

　子どもたちが教師を倒し，勝負に勝った瞬間は子どもも保護者も笑顔になる。

④　国語辞書の早引き競争（二つ）

> 　グループ対抗で辞書の早引き競争をします。
> 　見つけたらその言葉に丸を付けます。
> 　早く見つけた人はグループの友達に教えてあげなさい。
> 　グループ全員が立ったらそのグループの勝ちです。

　お題は何でもよいが，参観では二つ程度がよいだろう。

　グループが六つくらいなら，半分の三つくらいのグループができた状態で次の言葉にいくと遅い子が目立たない。

　早く探せた子はグループの子に教える状況が生まれる。

　競争なので，ほどよい緊張感の中で全員が参加できる。

（佃　深生）

3章 　普段の授業をベースにしたい！　参観授業ネタ

心も体もほぐす，クラスみんな仲良し鬼ごっこ！

　準備がほとんどいらないので，授業の始めや終わり，体ほぐし運動の一つとして取り入れることができる。楽しくふれあっていく中で，コミュニケーション作りができ，鬼ごっこ遊びを通して体力も人間関係も培われていく。

1　準備物

・コーン（範囲を決める場合には用いる）もしくはライン引き（運動場の場合）

2　授業

(ルール)

　帽子を赤と白にして，「ねこチーム」と「ねずみチーム」に分かれ，中央線に合わせて，それぞれ背中合わせに座らせる。教師が「ね，ね，ね，ね，……」と言った後に，「ねこ」か「ねずみ」のどちらかを言う。「ねこ」と言われたら，ねこが逃げて，ねずみが追いかける。「ねずみ」と言われたら，ねずみが逃げて，ねこが追いかける。言われたチームは大急ぎで自分の陣地まで逃げて行き，もう一つのチームは，相手チームが陣地に逃げ込む前にタッチする。

　「ねこ」と「ねずみ」だけでなく，「たい」と「たこ」，「うま」と「うし」でやってもよい。

　最初は背中合わせに待つ姿勢から始める。ルールが分かってきたら，待つ姿勢を変える。

3章 普段の授業をベースにしたい！ 参観授業ネタ　69

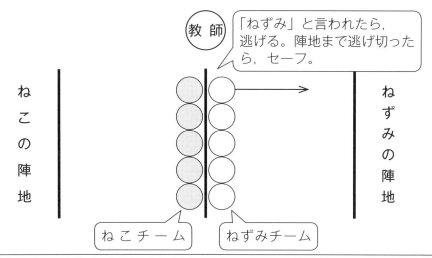

> 2列に並びます。
> 右の列，帽子を白にします。左の列は帽子を赤にします。

やりながら説明していく。

> 今から，ねことねずみの鬼ごっこをします。
> 白帽子の人，手を挙げて。「ねずみ」です。
> 赤帽子の人，手を挙げて。「ねこ」です。

> もう覚えましたね。きちんと覚えているか，今からテストします。
> 「ねずみ」の人立ちます。（立ったら座らせる）
> 「ねこ」の人立ちます。

何回か行い，自分が「ねこ」なのか「ねずみ」なのかを覚えさせる。

> 先生が「ねずみ」と言ったら，「ねずみ」が逃げて，「ねこ」が追いかけます。

> 「ねこ」と言ったら，「ねこ」が逃げて，「ねずみ」が追いかけます。

実際に前でやりながら説明する。

> Aさん（ねこ）とBくん（ねずみ）背中合わせに座ってください。

> 先生が言った方の人が逃げるのですよ。
> ね，ね，ね，ね「ねこ」。

> Aさんが逃げて，Bくんが追いかけます。
> 向こうの白い線まで逃げられたら，Aさんの勝ち。
> 途中でBくんにタッチされたら，Bくんの勝ちです。

> 体育館の真ん中の白い線に移動します。
> 白い線をはさんで，背中合わせに座って行きます。

前から順番に，背中合わせで三角座りになるように座らせていく。

> 誰を追いかけるか分かりましたか。
> 練習です。
> ね，ね，ね，ね「ねこ」。

赤帽子が逃げ，白帽子が追いかけているか確認する。

> ね，ね，ね，ね「ねずみ」。

白帽子が逃げ，赤帽子が追いかけているか確認する。

> 先生が「ぴっ」と笛を吹いたら元の位置に戻ります。
> では，本番です。ね，ね，ね，「ねっしー」。

> あわてんぼうの人がいましたね。
> 先生は時々，間違った言葉を言います。よく聞いていないと間違えますよ。

他にも，「ねまき」「ねんど」「ねっとう」「ねこまんま」などを時々交ぜると，子どもたちは大喜びする。

何回か行った後，

今，タッチされなかった人？
すごいねえ！　逃げるのが早いなあ！

お友達をタッチできた人？
きちんと先生が言う言葉をよく聞いていたね。素晴らしいです。

どちらも褒める。

みんなとっても上手に動けるようになったので，バージョンアップします。
待つ姿勢を変えます。今から，お腹を床にくっつけてうつ伏せの姿勢になります。お互いの頭をくっつけます。この姿勢で行います。ね，ね，ね，ね，「ねずみ」。

何回か行う。

もっと難しくします。
あお向けに寝て，お互いの頭をくっつけた姿勢になります。

間違って逃げたり，追いかけたりすることもあり，盛り上がる。

赤帽子の人で，一度も捕まらなかった人？
すごいね！　「ねこ」の王様です。拍手。

同様に「ねずみ」も行う。
心も身体もぽっかぽかになっていること間違いなしである。

（山岸　良子）

3章　普段の授業をベースにしたい！　参観授業ネタ

親子でタイムスリップ！昭和の良き時代を体験

教科書に載っている「昔の道具」とは，曾祖父母の世代が子どもの頃のものである。私の母は現在65歳だが，七輪やかまどよりは，ガスを使った頻度が高いと言っていた。教科書で扱っている「昔」とは，だいたい50～80年くらい前のものを想定している。なお，勤務校の生涯学習ルームを利用している地域のお年寄りにゲストティーチャーとして来校いただいた。

1　準備物

七輪体験（運動場で行う）
・七輪（8グループ分）　炭　火ばさみ　軍手　網　餅　醤油などの調味料

昔遊び道具（体育館で行う）
・メンコ　だるまおとし　お手玉　ベーゴマ　おはじき　紙風船　けん玉（全て8グループ分）

2　授業

最初は教室にて行う。七輪の写真を提示して，

　　何という道具か知っている人。

子どもから出なかったら，保護者に聞いていく。

　　七輪といいます。今の道具に例えると，何という道具だと思いますか。次の三つから選びます。
　　①　お風呂

② IHクッキングヒーター
③ ストーブ

挙手で確認していく。

正解は，②と③です。これで，料理をしたり，魚を焼いたりしました。そして，昔の人はこれをストーブ代わりに使うこともあったそうです。

七輪について質問をしていく。

七輪を使ったことがある人。

保護者にも聞いてみる。

お家の方で，七輪を実際に使って料理をしたことがある方，挙手をお願いします。

恐らく，皆無である。

今でも，七輪や炭を使うことがあります。どんな時に使いますか。

バーベキューをしたり，焼き肉をしたりする時。焼き肉屋さんで見たことがある。

なぜ，七輪は家庭で使われなくなったと思いますか。近くの人と相談しましょう。

炭をおこすのがめんどくさい。ガスやIHヒーターがあり便利だから。

今日は，みなさんの曾おじいさんや曾おばあさんが子どもだった頃の生活の一部を体験します。七輪を使って，餅を焼きます。七輪がどんな使い方なのか，しっかり体験しましょう。

（運動場のすみの方にあるコンクリートの上に移動する）

これから，七輪を使って餅を焼きます。注意することを三つ言います。
① やけどをしないように十分に気を付けること。
② 保護者やゲストティーチャーの言うことをよく守ること。
③ 煙が来ない方へ回ること。

安全面については徹底して指導する。

学年が2クラス以上ある場合は，合同で行い，教師一人が火の番をしているとスムーズに活動に入ることができる。

管理職や他の先生と相談して，火の番を決めておくことも可能である（勤務校では単学級のため，ゲストティーチャーの一人に火の番をしていただいている）。
　教師は，ゲストティーチャーの困ったことや，やけどなどのケガにすぐに対応できるようにしておく。
　後片付けの前に，感想を聞く。

| 七輪を使ってみて，どんなところが難しかったですか。 |

　煙で目が痛かった。火の調節が難しく，焦げた餅があった。初めて使って難しかった。

| みんなの曾おじいさんたちは，実際に七輪を使って，料理をしたんだと思います。この体験を忘れないでくださいね。 |

　後片付けもしっかり行う。

| 最後にしっかり後片付けもします。一番気を付けなければならないのは，炭です。火が消えたように見えても，中はまだ燃えています。ゲストティーチャーＡさんが持っているバケツの中に入れます。網や使った用具は，しっかり洗いましょう。 |

　片付けが終わったら，体育館へ移動する。
　体育館には，おはじきコーナー，メンココーナー，ベーゴマコーナー，だるまおとしコーナーなどを作っておく。

| これから，昔の遊びをお家の人と体験します。 |

　場作りは，以下のように分けておく。

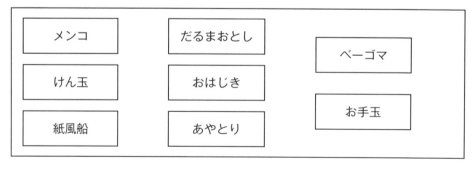

> やったことがある遊びに手を挙げましょう。

ルールを知っているかどうかの確認を兼ねて，したことがある遊びに挙手させる。

> これから，一つの遊びを5分間体験していきます。やり方が分からない遊びは，ゲストティーチャーの先生か担任の先生が教えますので，どんどん聞いてください。

ゲストティーチャーは，一つのブースに一人ついていただきたいので，8名いることが望ましい。

教師は，5分ごとに笛などで合図して，ローテーションさせる。

全部のローテーションが終わったら，以下の問いかけをする。

> どの遊びが一番楽しかったですか。

挙手させ，確認していく。

私のクラスではあやとりが一番人気で，2カ月くらいあやとりブームが起きていた。

> 昔の遊びと今の遊び，違うところはどんなところだと思いますか。

・昔の遊びは，友達と一緒に遊ばないとできないことが多い
・ゲーム機がない

> メンコは，男の子たちの真剣勝負でした。メンコの勝負に負けてしまうと，負けた人は，自分のメンコを相手にとられてしまうこともありました。メンコ以外にも，ベーゴマやおはじきでは，負けた人は相手に自分の道具をとられてしまうというルールもあったようです。
> おもしろいなぁと思った遊びを，ぜひしてみてくださいね。

ほんの少しでも，昔の遊びや生活を身近に体験できるようにしていきたい。

（橋詰　知志）

3章 │ 普段の授業をベースにしたい！ 参観授業ネタ

ただの「肩たたき」が最高に楽しくなる瞬間

　先生のまねをして，「見よう見まね」でやってみる肩たたき。それとつながる「どんぐりころころ」「大きな栗の木の下で」の歌。歌い終わった瞬間の何とも言えない爽快感。ただの「肩たたき」を歌とつなげることで子どもたちの熱中を生み出す。授業の導入におすすめ。

1 準備物

　特になし

2 授業

　先生のまねをして，肩たたきをします。

　そう言っていきなり始める。
　説明はなし。
　教師は子どもたちの方を向き，子どもたちと同じ方向に叩くようにする。
　テンポは歩くよりも少し速いくらい。

　1，2，3，4，5，6，7，8。（子どもたち，右手で左肩を叩く）
　1，2，3，4，5，6，7，8。（子どもたち，左手で右肩を叩く）
　1，2，3，4。（子どもたち，右手で左肩を叩く）
　1，2，3，4。（子どもたち，左手で右肩を叩く）
　1，2。（子どもたち，右手で左肩を叩く）
　1，2。（子どもたち，左手で右肩を叩く）
　1。（子どもたち，右手で左肩を叩く）
　1。（子どもたち，左手で右肩を叩く）

ウン（休み：手のひらを上に向ける）
　　パン（手拍子１回）

始めはついてこられない子もいる。
しかし，止めない。
そのような子がいたら，目線を合わせてまねをするように促す。
そうして子どもたちの方を向きながら，終始笑顔でやり通す。
１回目が終わったら，

　　初めてやってみたのにとっても上手！
　　もう１回やってみます。
　　いちにのさんはい。

と言って，すぐに２回目をスタート。
　当然，１回目よりもできる子が増える。
　さっきできなかった子と目線を合わせ，叩くように笑顔で促す。
　教師に余裕があるならば，手を右から左へ交代するタイミングで，

　　よし！
　　いいね！
　　その調子！
　　ほいきた！
　　まだまだ！

などと調子をつけられると全体が勢いづく。
　終わったらすかさず，

　　できた人？

と聞く。
　勢いでほとんどの子が手を挙げるので，

　　すごい！
　　まだ２回目なのに完璧！
　　じゃあ，次はスピードアップ！

　そう言って，３回目は１，２回目よりもだいぶ速くする。

ここまででだいぶ上手になっているはずだ。
いよいよ歌を歌う。

> 突然ですが,「どんぐりころころ」という歌を知っていますか。
> 一度歌ってみましょう。

そう言って歌う。
一度歌えばほとんどの子が思い出す。

> 実はさっきの肩たたきとこの歌がぴったり合うのです。
> 早速やってみましょう。

あまり詳しく説明しない。
とにかくまねをすればよいことを伝え,始める。
手拍子と合わせると,次のようになる。

```
どんぐりころころ　どんぶりこ
1　2　3　4　　5　6　7　8
おいけにはまって　さあたいへん
1　2　3　4　　5　6　7　8
どじょうがでてきて
1　　2　3　4
こんにちは
1　2　3　4
ぽっちゃん
1　2
いっしょに
1　2
あそびましょ
1　1　ウン　パン
```

子どもたちは教師の様子を見て懸命についてくる。
終わったら,

> できた人?

と聞き，次のように進める。

> すごい！
> 手拍子と歌を合わせることってとても難しいのですよ。
> じゃあ，スピードアップ！

と言って，もう一度行う。
　それが終わったら，

> まだまだ肩がこっています。
> 次は，2人組でやります。

と言い，子どもたち2人を前に来させて例示する。
　この時から全員を起立させると，動きがダイナミックになる。
　2人組で行った後は，

> まだまだ肩がこっています。
> 次は，グループでやります。

と言って，生活班などの4人グループでさせる。
　ここまでくると，教室内は相当盛り上がった状態となる。
　最後の手拍子が隣の子とのハイタッチになるので，成功，失敗にかかわらず笑顔があふれるのだ。
　これを何度かした後は，「大きな栗の木の下で」で同様に何度かやってみる。
　さらに慣れてきたら教室を二つに分け，次のような指示を出す。

> こちら半分は「どんぐりころころ」を歌いながら，こちら半分は「大きな栗の木の下で」を歌いながら肩たたきをします。

　2曲同時なので，意外と難しい。
　片方につられないように自然と大きな声が出て，教室がにぎやかになる。

【参考・引用資料】
TOSSランドNo：1941250　「どんぐりころころであっという間に子どもたちを巻き込む」実践：豊田雅子

（佃　深生）

3章 普段の授業をベースにしたい！ 参観授業ネタ

山から作って初めて分かる「流れる水のはたらき」

外での授業は，それだけで盛り上がる。
秋口で気候もよいため保護者も外を嫌がらない。
砂場に大きな山をいくつも作って「流れる水のはたらき」について理解できる参観授業となる。

1 準備物

・スコップ，バケツ，ジョウロ，割り箸（班の数）
・ノート，下敷き，筆記用具（全児童に持たせて外に出す）

2 授業

ノート，下敷き，筆記用具を持たせて，砂場で集合する。
全員座らせてから，話をする。

　何年ぶりでしょうか。
　本気でお山を作るのは。

保育園・幼稚園以来，初めて，という児童もいた。
笑顔で次のように説明する。

　「流れる水のはたらき」を勉強するために水を流さなくてはいけません。
　教科書通りの流れを作ろうと考えると，相当大きなものです。
　遊びじゃありません。勉強です。
　今から15分間。

> 本気でお山を作りなさい。

大興奮で山を作り始める。

時間になったら止めて，次の作業に入らせる。

> いよいよ水を流します。
> 授業で勉強した「けずる」「運ぶ」「積もらせる」というのが，どの部分になるか予想してノートに書いた班から，水を流し始めなさい。

一度授業で行っていても，上記の三つを忘れてしまう児童がいるため教師がフォローする。

水を流す作業が始まると，保護者も一緒になって，水を運んだり，流したり，のぞき込んだりする。

作業に夢中になって，記録を忘れがちになるため，全体に向けて何度も指示をする。

> 予想通りだった。
> 全然違う結果となった。
> どちらでもかまいません。
> 大切なのは記録を取ることです。

このような指示は楽しそうに言うのが大切だ。

一通り実験が終了したら，最後の指示を出す。

> お山を作ったままにしておくと，大抵トラブルになります。
> ○○が壊した，となるのです。
> みんなで元通りの砂場に戻して，実験を終えましょう。

道具を片付けるところまで行い，授業を終える。

（越智　敏洋）

3章　普段の授業をベースにしたい！　参観授業ネタ

作品が引き締まる！簡単落款印(らっかん)作り

　落款とは，「落成款識《らくせいかんし》」の略で，書画が完成した時，筆者が署名・捺印すること。その印鑑を「落款印」といい，本来は，ゴムやつげ，石材で作る。図工や書写の作品に押せば，作品が引き締まる。

　身近な材料で簡単に作れる落款印の作り方を紹介する。

左：落款印用印泥
右：石材で作った落款印

1　準備物

お刺身等のトレー（厚めのもの）1枚（平らな面を3cm×3cm程度に切る）・半紙（4分の1サイズ）1枚・鉛筆（Bより濃いもの）・はさみ・セロハンテープ・朱肉（または落款印用の印泥）・図工等の作品

2　授業

　図工や書写の作品に押してあるこれ，何ですか。

作品を見せ，答えさせる。

（はんこ，印鑑）

　落款印と言います。言ってごらん。

「落款（らっかん）印」と言わせる。

　みなさんの描いた作品に押してあったら，価値が上がりそうだよね。

3章 普段の授業をベースにしたい！ 参観授業ネタ

> 今日は，簡単に落款印を作ります。
> 様々なデザインを見せイメージさせる。
> いろんなデザインがありますね。

> まずは，練習。トレーを切り，1辺3cmの正方形を作ります。

サイズが大きいと，圧がかからずうまく押せないので気を付ける。
> 少し角をとっておいてもいいです。

4分の1に切った半紙を配る。
> トレーの形を半紙に写します。

> 名前の中から1文字選びます。まずは練習なので，ひらがなカタカナにしましょう。

簡単な文字で作り方を教える。
> 半紙に1文字，鉛筆で濃く書きます。

濃く書けているか確認する。

> 書いた文字に切り取ったトレーの平らな面を合わせます。
> 次にセロハンテープで軽く留めます。

> 裏面は，文字が反対になっています。
> 反対になった文字を鉛筆でなぞります。

トレーがへこむくらいしっかりとなぞります。
　半紙が破れても大丈夫です。

　文字がなぞれたらセロハンテープをそっとはがします。
　トレーの文字を鉛筆で彫ります。
穴が開かないように注意する。
　どちらが上か確認して，裏面に「上」の印を付けます。

　持ち手を付けます。5cmくらいセロハンテープを切って，トレー裏の端と端に貼り，真ん中をつまみます。
　これで出来上がり。
　右写真は，分かりやすくするためにビニールテープを使用。

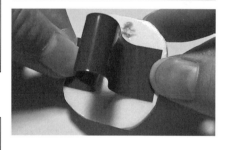

　朱肉を付けて，半紙に押してみましょう。
スタンプ台より朱肉の方が，インクのりがいい。
さらに，落款印用の印泥だとしっかりと押せる。
　次は，落款印の形や文字を工夫して，世界に一つの落款印を作ってみましょう。
　作り方を教えたので，オリジナルの作品を作らせる。
　最後に，自分の作品に押させる。

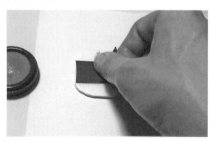

3章　普段の授業をベースにしたい！　参観授業ネタ　85

　休日参観で2時間公開などになった際，1時間目に絵手紙や墨絵を描き，2時間目に本時の落款印作りをすると，作品が仕上がる過程を保護者に見せることができる。

　また，図工室等，広い部屋を確保できるのであれば，保護者と一緒に落款印を作ることもできる。

【楽々デザイン】

　児童一人一人の名前を事前に「MSゴシック」「麗流隷書」などのフォントで印字したものを用意しておく。

　ワードのフォントにあるので，名簿ごと変換して72ポイント程度にし，短冊状に切るとデザインが楽で簡単である。

　それを配り，半紙に写させると簡単に作ることができる。

　落款印をひと押しするだけで，児童作品に味が出る。

【参考・引用資料】

TOSSランドNo：1573329「1年生から作れる簡単落款」実践：間々田玲

（吉良　由美子）

4章　成長している子どもの姿を示す参観授業ネタ

美しい言葉で心も体も健康に

普段，家族に言えない感謝の気持ちを伝える授業。脳科学の視点を入れ，「ありがとう」を含めたプラス思考の言葉（美しい日本語）を親子間でも使ってもらえるように授業を進める。

1 準備物

脳の挿絵（2枚）・「ノルアドレナリン」「β－エンドルフィン」と書かれた紙・「美しい日本語」プリント

2 授業

「○○が○○」と板書する。

> ○にはひらがなが入ります。
> 日本語で一番美しい言葉だと言われています。何でしょう。

NHK「美しい日本語」についてのアンケートより。

板書計画：
うつくしい日本ご
○○が○○
・うれしい
・かっこいい
・じょうず
脳の絵　脳の絵
ありがとう
・かしてくれた
・ははの日

> そう，「ありがとう」です。

ありがとうと板書する。プリントを配り，書かせる。

> 「ありがとう」と言われると，どんな気持ちになりますか。

うれしい気持ち。
いいことをしてよかったと思う。

> そうだね。このように，美しい言葉というのは，言われるとうれしい気持ちになる言葉なのです。

4章　成長している子どもの姿を示す参観授業ネタ　87

| 他に，うれしい気持ちになる言葉をプリントに書きなさい。

発表させ，板書する。
うれしい。かっこいい。かわいい。えらいな。すごいな。じょうず。

| 逆に「ばか」「死ね」「きもい」など，言われると嫌な気持ちになったり悲しくなったりしますね。

クラスの実態に応じて，嫌な気持ちになる言葉は変える。

| 実は，このような人を嫌な気持ちにさせる汚い言葉を使うと，言われた人だけではなく，使った本人にも困ったことが起こるというのです。

脳の絵を提示する。

| あるお医者さんが脳の研究をして分かったことです。
| 人間は，悪いことを言ったり行ったりすると，その人の脳の中に毒が出ます。
| ノルアドレナリンといって，自然界で一番強い毒蛇の毒と同じくらいです。

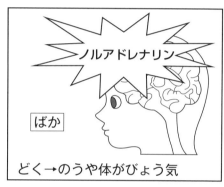

ノルアドレナリンと書かれた紙を貼る。

| その毒は，少しなので，すぐに病気になったり死んでしまったりすることはありません。しかし，毒は毒。毎日毎日出続けると…どうなりますか。

毒がたまったら病気になる。

| 脳や体が病気になりやすくなるそうです。

実際にノルアドレナリンが過剰に持続して放出されると，不安障害症状が出たり躁状態になったりする。血圧上昇や血糖増加が起こる。

| 感想を近くの人に言ってごらん。

感想を交流させる。保護者を指名することができそうならばする。

| もう一つの研究結果を教えます。

脳の挿絵を貼る。

> 美しい言葉を言ったり人にいいことをしたりすると、体によい薬のようなものが脳に少しだけ出ます。
> β－エンドルフィンといいます。言ってごらん。

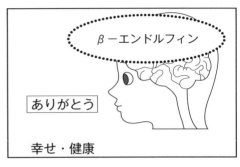

β－エンドルフィンと書かれた紙を貼る。

> β－エンドルフィンが出ると、幸せに思ったり、病気になりにくい体になったりします。

> お腹が痛い時、お家の人にお腹をさすってもらうと痛さが和らぎますね。
> それも、β－エンドルフィンのおかげなのです。

> 汚い言葉を使うと体に悪く、美しい言葉を使うと体にいいのです。
> その美しい言葉の代表が「ありがとう」なのです。

> みなさんは、どんな時に「ありがとう」と言いますか。

物を貸してもらった時「ありがとう」と言う。
母の日に「ありがとう」と言う。

> おうちの人に「ありがとう」と言っている人もいるようですね。
> 今日、参観に来てくださっているお家の方に、なんと言ったらいいですか。

「来てくれてありがとう」と言う。

> 今日、お家の人が来られなかった人。(挙手) きっと用事やお仕事があってどうしても来られないのです。なんと言ったらいいですか。

4章　成長している子どもの姿を示す参観授業ネタ　89

「お仕事がんばってくれてありがとう」と言う。

| お家の人への「ありがとう」の気持ちをプリントに書きます。 |

プリントに，まず「○○さん，ありがとう。」と書かせる。

| 「ありがとう」の後に相手が気持ちよくなる言葉を書いてもいいです。 |

プリント右半分に書き込ませる。授業後，切り離して渡せるようにする。

| 後ろにお家の方がいる人は，お家の人の前で「ありがとう」を伝えます。
| お家の人が来ていない人は，お家で言えるよう，練習します。 |

| お家の人に感想を聞いてみます。 |

保護者を指名し，感想を聞く。

| 今日のお勉強の感想を書きます。 |

プリントに書かせて発表させる。

| 美しい言葉をどんどん使って，自分も相手も，心と体を健康に気持ちよく過ごしていきたいですね。 |

【参考・引用資料】
TOSSランドNo：3649399「道徳：ありがとう」実践：小林正樹
「脳を活性化する〜DHAなど栄養素一覧＆神経伝達物質の解説」
http://www.hamptonhistory.org/

（吉良　由美子）

4章　成長している子どもの姿を示す参観授業ネタ

「自分のスリッパをそろえない文化」との闘い方

なかなかそろわないトイレのスリッパ。スリッパをそろえない人への一言を考えているうちに，自分の言葉づかいやものの言い方を考えるようになる。

1 準備物

・学校のトイレの写真（「そろった後：A」と「そろう前：B」の2枚）
・八つ切り画用紙を縦半分に切ったもの（クラスの人数分＋保護者分）
・B4の画用紙を縦に切ったもの（保護者に書いてもらう分）

2 授業

いきなり，写真（そろう前：B）を提示して問う。

> 学校のトイレです。
> みんながいる2階のトイレです。
> この写真から分かること，気付いたこと，ほんのちょっとでも思ったことを発表します。

普段使用しているトイレの写真なので，どのような状況か察しがつく。

たくさんの手が挙がる。

> スリッパがそろっていない。

どの階でもこのような状況は起こりうる。

もちろんスリッパをそろえ

る子どももいるが，それを上回る数の子どもがスリッパをそろえないため，このような状況になる。

　子どもたちにも周知の事実だ。

> どうしたらいいですか。

と問う。

　すると，

> 自分が使用したのではなくてもそろえた方がよい。

という意見が出る。

　そこで，

> 実はみんなの代わりに先生がそろえておきました。

と言って写真Aを見せる。（スリッパがきれいにそろっているもの）

　子どもたちからは「おぉ～」という小さな歓声が上がる。

> これを見た感想をどうぞ。

と言うと，

> ・先生がんばったんですね。
> ・先生，ありがとう。
> ・大変だったのでは？

という感想が出る。

> みんなありがとう！　これからもがんばるね。

と笑顔でクラス全員を見渡す。

> しかし，次の日，大変なことが起きました。

　深刻な顔で言って，またスリッパがそろっていない写真Bを見せる。
　子どもたちの表情が曇る。

> どうしたらいいですか。

と問うと，子どもたちからは，再び，

> 　そろえた方がよい。

という意見が出る。
　そこで，再び，

> みんなの代わりに，また先生がそろえておきました。

と笑顔で言い，Aの写真を見せる。（スリッパがきれいにそろっているもの）
　子どもたちもAの写真を見るのはうれしい。

> これを見た感想をどうぞ。

と言うと，

> ・先生いつもありがとう。
> ・自分たちががんばらなくちゃ。

などの感想が出る。
　そこで，

> 　しかし，次の日，また大変なことが起きました。

と言ってBの写真を見せる。（以上のことを数回繰り返す。演技力が必要だ）
　子どもたちは次第に残念な表情になるが，これが日々の現実。
　そこで，次のように言う。

> 　このようなことが毎日，毎日，毎日続きました。
> 　もちろん，先生はスリッパをそろえ続けました。
> 　スリッパをそろえない人たちとの闘いです。
> 　しかし，もう疲れました。
> 　他の人のスリッパをそろえ続けることに疲れてしまったのです。
> 　ある日，先生にふといい考えが思い浮かびました。

　ここで間を取り，ゆっくりと子どもたち全員の顔を見る。

「先生の気持ちをポスターにしてトイレに貼ろう！」と思ったのです。
　実は今日，そのポスターを持ってきました。
　見たい人？

> おい！　そこのおまえ！スリッパをそろえろよ。でないとぶっとばすぞ！

黒板に用意していたポスターを掲示する。（右のもの）
騒然となる子どもたちにこのポスターの感想を聞く。

・言葉が乱暴すぎると思います。
・もっと丁寧に言う方がよいです。
・恐いけど，丁寧すぎても聞いてくれないかもしれない。

というような意見が出る。

　丁寧に言うことはとても大事です。
　しかし，丁寧なだけではスリッパはそろわないかもしれませんね。
　ついスリッパをそろえたくなるような，心をくすぐる一言が入るとさらによいですね。

そう言って，担任が考えてきたものをいくつか紹介する。
　この後，子どもたちにも考えさせる。
　できた子から，黒板に縦書きで書かせる。
　参観している保護者には紙に黒マジックで書いてもらい，黒板に掲示する。
　なかなか思いつかない子どもは，それらを参考に書いてもよいことにする。

> みんなにも家がある。スリッパにも家がある。使ったら返してあげよう。

> 次の人が笑顔で使えるといいなあ。どうすればいい？

> トイレの神様はいる。スリッパの神様もいる。いつも君の姿を見ている。

　本当は一人一人が気を付けて自分のスリッパをそろえられれば一番よいのです。みなさんのポスターがきっかけで学校中のスリッパがそろうようになるとうれしいです。まずは自分のスリッパから。今日から始めましょう。

【参考・引用資料】
原実践：伊藤寛晃「トイレの貼り紙選手権」『教室ツーウェイ2013年9月号』（明治図書）

（佃　深生）

4章　成長している子どもの姿を示す参観授業ネタ

オリンピック選手を育てる基本法則はこれだ！

1　準備物

・競泳日本代表ヘッドコーチ　平井伯昌氏の写真
・北島康介氏の写真
・2008年　北京オリンピック　男子100m平泳ぎ決勝の映像
　（https://www.youtube.com/watch?v=KaU3xkq3GxQ から入手可能）

2　授業

　当たり前のことを，当たり前にできていますか。
①　廊下を走らない。
②　くつをそろえる。
③　文字を丁寧に書く。

内容をパワーポイントで示す。
①・②・③とだけ言い，挙手させる。

　苦しい時，つらい時，悲しい時も。
　当たり前のことを，当たり前にすることを続けることが大事だと，言っている人がいます。
　競泳日本代表ヘッドコーチの平井伯昌（のりまさ）さんです。

平井伯昌氏の写真を見せる。

　平井さんは，まず選手に三つのことを指導します。

具体的な数字を示して，展開を予想させる。

　①人に会ったら，すぐに○○○○する。

4章　成長している子どもの姿を示す参観授業ネタ

> ○に入る言葉は，何ですか。

あいさつ。
コミュニケーションをスムーズにし，お互いが気持ちよくなれるようにした。

> 小学生や中学生は，才能や技術は同じ。でも，大きくなるにつれて差が出てきます。伸びるための大事な条件。②休まず○○○○くせをつける。○に入るひらがな4文字は何ですか。

つづける。

> 人間は，ロボットではありません。漫画を読んだり，ゲームをしたりして，練習をサボりたくなることもあります。そんな時に，選手が伸びるために指導していたことです。③○○○で，がんばるくせをつける。○に入るひらがな3文字は何ですか。

じぶん。

> 赤い字（本書ではゴシック）を読みます。①人に会ったら，すぐに**あいさつ**する。②休まず**つづける**くせをつける。③**じぶん**で，がんばるくせをつける。

大事なポイントをまとめる。

> こうした指導を，中学2年生から受けていた人物がいます。北島康介さんです。

北島康介氏の写真を見せる。

> 土台が完成していた北島さん。平井コーチは，練習メニューの一つとして泳ぐ前後に，お互いに考えていることを話し合うようにしました。どんなことを話していたと思いますか。ノートに書きなさい。

イメージを口頭で伝える訓練。
北島さん「調子は，あんまりよくないです」
平井コーチ「どういう感じがよくないんだ？　平泳ぎのキックは水をしっかりかけているか？」など。

> 選手のボキャブラリーを増やす訓練をしていました。スタート台に乗

> れば，誰も助けてあげられません。孤独になった時に，北島さんが一人で考えられるように，必要な情報をコーチから聞き出せるようにしたんですね。

最後は，自分で考えないといけないことに触れる。

> こうした練習，国内や世界での試合を経験した北島さん。
> 必ずしも満足のいく結果ばかりでは，ありませんでした。
> そうして迎えた2004年アテネオリンピック。
> 100m・200m平泳ぎ金メダルを獲得しました。

> すっかり有名人になった北島さん。テレビ出演や雑誌の取材などで十分な練習ができませんでした。そんな状態で迎えた2008年北京オリンピック。100m平泳ぎ決勝。平井コーチは，北島さんにどんなアドバイスをしたでしょう。「康介　自信と勇気を持って〇〇〇〇いけ」。〇に入る言葉は何ですか。

ゆっくり。

一つ一つ指導するのではなく，ポイントをしぼったアドバイスにとどめた。

2008年　北京オリンピック　男子100m　平泳ぎ決勝の映像を流す。

> 試合後の平井コーチと北島さんのやりとりです。
> 北島「先生の言うことを聞いて，よかったです。ありがとうございました。（平井コーチに金メダルをかけて）これは先生の金メダルです」
> 平井「これで俺もやっと康介に認められたかな？」

最後に語りを入れる。

語りを入れることで，題材として扱った人が，「すごい！」「すばらしい‼」という感想ではなく，ぼくたち私たちにもできることはあるという意識につなげていく。

道徳の時間に学習したことが，子どもたちの日常生活に活かされるようにする。

4章 成長している子どもの姿を示す参観授業ネタ　97

　算数科の学習でいえば，例題・類題を学習した後の練習問題の段階にあたる。

　語りは，お話の世界と子どもたちの現実世界との接着剤的な役割である。

> 　当たり前のことを当たり前にする。なかなか難しいことです。廊下を走らない，くつをそろえる，文字を丁寧に書く，みなさんの周りにも続けることが難しいことがありますよね。これから，どんなことを当たり前にしていきますか。ノートに書いてください。

子どもの意見を聞く。

> （意見をつなげながら）そうしたことを当たり前にする大切さを平井コーチと北島さんは教えてくれているのかもしれませんね。これで授業を終わります。

【参考・引用文献】
平井伯昌『バケる人に育てる　勝負できる人材をつくる50の法則』（朝日新聞出版）
平井伯昌『突破論』（日経BP社）
平井伯昌『見抜く力　夢を叶えるコーチング』（幻冬舎新書）
平井伯昌『世界でただ一人の君へ　新人類北島康介の育て方』（幻冬舎）

（森本　博道）

4章　成長している子どもの姿を示す参観授業ネタ

男子と女子の同じところ, 違うところ

中学年くらいから児童は男女差を意識するようになってくる。

保護者から考えても, 男女差があることをどのように接していけばよいのかは難しいところだ。

そこで参観授業を通して, 男女差について考えさせる。

1 準備物

・パワーポイントデータがあるとスムーズに進められる。
・本ページのコピーがあると便利だ。

2 授業

中学年くらいから, 男子と女子がちょっと違うことがあります。
例えば, どのようなことがありますか。

着替える場所が違う, 服装が違う, 遊びが違うなどが児童から挙がる。

他にもたくさんの物事が違います。

例示する。

お家の方から「男の子なんだから」「女の子なんだから」と言われたことがある人？

半分以上の児童が挙手をする。

どんな時に言われましたか。班でこんな時

男子と女子のちがうところ

・着がえる場所　・かみがた
・遊び　　　　　・席の場所
・ゲーム　　　　・服そう
・トイレ　　　　・筆箱
・習い事　　　　・ランドセル
・クラブ活動　　・文字

4章 成長している子どもの姿を示す参観授業ネタ 99

> に言われたというのを
> まとめなさい。

保護者は冷や冷やしながら見るが，児童たちは楽しい活動となる。

> 出たお話を発表します。

次のような意見が出る。

【男子】
・ケンカをしてやり返さなかった時
・泣きそうになった時
・家の中で遊んでいる時

【女子】
・字を雑に書いた時
・いつまでも半袖を着ている時
・弟に怒鳴った時

> みんなの話を聞いていると「男子らしさ」「女子らしさ」というものがあるようです。
> 「男子とは○○だ」
> 「女子とは○○だ」
> というように文章を作ってみましょう。
> 男女一つずつ作れたら，先生に見せに来なさい。

書くという作業を入れた上で，見せに行くという活動を行う。

授業に積極的に参加する雰囲気を作れる。

見せに来た児童に，

> 板書しなさい。

と指示する。

右のような板書となる。

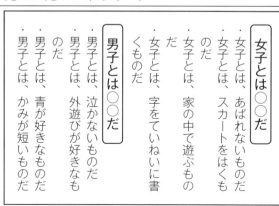

女子とは○○だ
・女子とは、あばれないものだ
・女子とは、スカートをはくものだ
・女子とは、家の中で遊ぶものだ
・女子とは、字をていねいに書くものだ

男子とは○○だ
・男子とは、泣かないものだ
・男子とは、外遊びが好きなものだ
・男子とは、青が好きなものだ
・男子とは、かみが短いものだ

> これって本当ですか，それとも違うと思いますか。
> ノートに「本当」「違う」と書いて，その理由も書きなさい。

　教室では，大多数が「違う」となった。
　理由は次のようなものだ。

【違う】
・女子だって暴れる。
・女子でも外で遊ぶ。
・私は文字がキレイじゃない（女子の意見）。
・男子だってよく泣く人がいる。
・男子でも赤やピンクが好きな人がいる。
・男子でも髪の毛が長かったり，色を入れたりしている人もいる。
　少数だが「本当」という意見もあった。

【本当】
・スカートは女子しかはかない。
・ケンカしたら勝つまで帰ってくるなと言われる（男子の意見）。
・野球のように男子が多いスポーツ，バレーボールのように女子が多いスポーツがある。

　発表させていると，討論のように「違う」「同じ」と意見が飛び交うようになる。
　バラバラで話させると話が分からなくなるので，ルール付けをしておく。

> 違う，同じ。
> それぞれ意見があるでしょう。
> 自分はこう思う，というのは大切です。
> ただ，バラバラにしゃべると分からなくなります。
> 指名なし発表をしましょう。

　男子は男子らしさ，女子は女子らしさについての話が多くなる。
　そのような場合は，次のように指示する。

> 男子は女子らしさについての意見，女子は男子らしさの意見も言える

> とよいですね。
> 　違う性別からの意見って大切です。

意見が出尽くしたところでまとめる。

> 　昔は，「男子らしさ」「女子らしさ」ってはっきりとありました。
> 　例えば，先生が子どもの頃，男子が赤色の服を着ると「変」って言われました。
> 　もっと昔，男子と女子で行く学校が違うという時代もありました。
> 　今はそんなことはありません。
> 　男子が赤色の服を着ても変とは言われないし，男女同じ学校へ行きます。
> 　では，男子らしさ，女子らしさはゼロになったのでしょうか。

なっていないという反応が返ってくる。

> 　男女の性別の差をなくしましょう，というジェンダーフリーという考え方があります。
> 　男女のお仕事を平等にしましょう，という男女雇用機会均等法というのもあります。
> 　では，男子らしさ，女子らしさはゼロになったのでしょうか。

やはり，なっていないという反応だ。

> 　先生はなっていないと思います。
> 　なる必要が本当にあるのだろうか，とも思います。
> 　例えば，男子が泣いていて女子が声をかけてあげる，女子が持っている重たい荷物を男子が持ってあげる，そういうことがあってもよいのではないかと考えるからです。
> 　本当に大切なのは，どの男子らしさ，女子らしさが必要なのかを考えることではないかと思っています。

感想を書かせ，発表させて授業を終える。

　　　　　　　　　　　　　　　　　　　　　　　　（越智　敏洋）

4章　成長している子どもの姿を示す参観授業ネタ

大人は18歳から？　20歳から？　それ以外？

子どもにとって「大人」の定義は難しい。

お酒やタバコが大丈夫になってから，仕事に就いたら，結婚したら，など様々な定義が挙がる。

一人一人の異なる意見を認めつつ，社会的に話題になっている「18歳」と「20歳」の線引きについて考えさせる。

1 準備物

・大人と子どもと迷う写真（街を歩く人，リクルートスーツ姿の大学生，雑誌モデルの女性，成人式での問題行動等）
・総務省HP「衆議院議員総選挙における年代別投票率の推移」のグラフ

2 授業

> みんなの後ろにいるお母さんやお父さんは「大人」ですか。

大人だ。

> では，みんなのお兄さんやお姉さんは「大人」ですか。

年が離れている場合以外は「子ども」となる。

> では，次の人たちは大人と子どものどちらですか。

服装（スーツや私服）や性別が異なる数人の写真を見せる。

> 今日は，大人と子どもの境目について，勉強していきます。

> みんなは，何が大人の条件だと思いますか。
> 「○○なら大人」
> というように，できるだけたくさんの意見を書きなさい。

次のような意見が挙がる。
「20歳になったら大人」「身長が大きかったら大人」「結婚したら大人」
「お酒やタバコをやったら大人」「学校を卒業して，仕事に就いたら大人」

> いろんな考え方があります。
> どれも間違っていません。

正解とも言えないが，間違ってもいない。
様々な考えを受け入れつつ，先へ進める。

> 大人か子どもかがはっきりする意見が一つありました。
> 数字です。
> 20歳になったら大人という意見がありました。

数値だと線引きがしやすいので，分かりやすい。
この部分を取り上げる。
授業で意見が出なかった場合は，教師が話す。

> 20歳になったら大人。
> 正しいと思ったら○，間違っていると思ったら×を付けます。

出た意見に挙手をさせ，人数を確認する。
意見がある場合は話させる。
高学年であれば，
「○。お酒やタバコは20歳からよいから」
「×。20歳でも子どものような人がいるから」
といった意見が挙がる。
　5年生児童32人で発表させると，○が24人，×が8人となった。

> 20歳になると，お酒やタバコだけではなく，許可されるものがあります。
> 何か分かる人？

ゲームセンターに入る時間に制限がなくなる，という意見が挙がった。
ゲームセンターは，「風俗営業等の規制及び業務の適正化等に関する法律」で18歳未満に時間制限がある。

他にも，社長になれる，一人で海外旅行に行けるという意見があった。

> 選挙に投票できる「選挙権」が手に入ります。
> ノートに「選挙権」と書きます。

大切な言葉なので書かせる。

> 選挙権と聞いて，うれしいと思いましたか，全く何も思いませんでしたか。

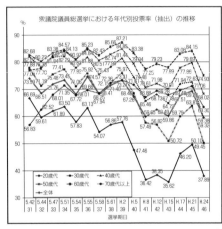

（総務省 HP より引用）

数名が「大事だから」とうれしい方に挙手したが，大部分はうれしくも何ともないという意見だった。

> 選挙へ行く人は，何歳くらいの方が多いでしょうか。
> 20代，30代…，70代というように「○代」と書きます。

その後，グラフを提示する。

> 上位3位は50～70代，下位は20代と30代です。
> みんなのお父さんやお母さんの年代の投票率が一番低いです。
> 議員さんたちは，若い人から選ばれるのではなく，年齢が高い人から選ばれている状態です。
> 議員さんは，誰の意見でお仕事をするようになりますか。

「50～70代」となる。

> そうすると，20～30代の意見よりも，50～70代の意見が優先されます。
> お父さんやお母さんは子どものことを考えています。
> しかし，その意見は通りにくくなります。
> 例えば，子どもが遊べる公園よりも，高齢の方が楽しめる公園。
> 子ども向けの病院よりも，高齢の方向けの病院。
> 小学校よりも，高齢の方がよく行く公民館や休憩所。
> 感想を言います。

子どものことをもっと考えてほしい，などの意見が挙がる。

> もっと子どものことを考えようということで，18歳以上に選挙権を与えようという話もあります。
> 賛成の人は，世界的に見ると192カ国中170カ国は，18歳以上に選挙権があるという意見を持っています。
> 反対の人は，高校を卒業したばかりで早すぎるという意見があります。
> みんなは今のまま20歳の選挙権でいいですか。
> それとも18歳にした方がいいですか。
> 自分の意見を書きなさい。

教室では3分の1が20歳以上，3分の2が18歳以上となった。

> それぞれ自分の意見を書きなさい。
> どちらでもよいは，なしです。
> お家の方と相談してもよいです。

保護者の中には，特に意見なしという場合がある。保護者にも，どちらでもよいと言わせないことで，教室の全員に考えさせるようにする。
一通り発表が終わった時点でまとめる。

> まだ選挙権を変更することは決まっていません。
> でも，今小学生のみんなが，年齢を重ね大人になる中で，選挙権を手に入れて，周りをよくしていくことは間違いありません。
> 身の回りの社会のことをたくさん勉強しながら，「大人」や「選挙」について，これからも考えていきましょう。

(越智　敏洋)

4章　成長している子どもの姿を示す参観授業ネタ

杉原千畝は正しいことをしたのか

　社会の教科書に載っている杉原千畝らを通じて，正しい・正しくないという行動について考えさせる授業。

　どのような価値観で「正解」にするのかが難しいが，正しい行動というのは，結果的に多くの人から認められるということを感じさせたい。

1 準備物

・本ページのコピー
・杉原千畝，根井三郎，松岡洋右，命のビザの写真
・地図帳

2 授業

誰かを助けたことがありますか。
右のような具体的な場面を提示する。
でも，それをすることによって，

「何で助けたんだ！」
と悪いことをしたかのように言われてしまったことがある人？
教室では3分の1程度が挙手した。

次のように言われた人がいます。
杉原千畝という人です。
社会で習いましたね。
知っていることを友達と話します。

誰かを助けたことがありますか。

1　低学年が困っていたら声をかける
2　重たい荷物を代わりに持つ
3　いじめられている友達を助ける

何で助けたんだ！

・お金をもらってやったことだろ
・仕事をやめろ
・日本の恥(はじ)だ

4章 成長している子どもの姿を示す参観授業ネタ　107

　40歳の時に、ナチスから追われていたユダヤ人を助けるため約6000名にビザを発給したことを確認する。

> その後、仕事を辞めさせられた状態となった杉原。
> 日本から謝罪を受けました。
> 何歳の時だと思いますか。
> 100歳です。
> 亡くなっていました。
> 杉原は正しいことをしましたか。

　右の選択肢を与え、考えさせる。様々な意見を認めつつ、話をする。

> 杉原は生きている間、次のように言っていました。
> 「私に頼ってくる人を見捨てられない。当然のことをしたまでです」

　どれが正解かを伝えるのではなく、杉原はこのように言っていたということを話す。

> 世界最大のユーラシア大陸を端から端まで移動します。約半月の鉄道での旅です。移動中もナチスの仲間が捕まえに来る厳しい状態でした。それでも、なんとか大陸の端、日本へ向かう港に到着しました。

杉原　千畝（すぎはら　ちうね）

- 40歳　ユダヤ人を助ける。
- 86歳　杉原が亡くなる
- 100歳　日本から謝罪

どの考えに近いですか。
1　正しいことをした。後悔はしていない。
2　正しいことをした。でも後悔している。
3　その他

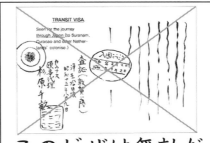
このビザは無効だ

ところが問題が起きます。

> 日本の外務省が杉原ビザは無効だと言ったのです。
> 引き返せばユダヤ人たちを待っているのは「処刑」です。
> みなさんがウラジオストクの担当日本人だったら，どの選択肢を選びますか。

① 指示通り
　「通過できない」と言う。

② 指示に背いて6000人を日本に送り込む。

③ その他

その他の意見も発表させ，児童がどのように考えているかを把握してから進める。

> 当時の担当，根井三郎は，国を説得しました。
> そして，たくさんのユダヤ人を日本に送り込みました。

根井　三郎（ねい　さぶろう）

③ その他

国を説得した。
一度出したビザを無効にしたら，日本はおかしい国だと思われる。

ここでは正しいか否かは問わずに，先に進める。

> ユダヤ人は福井県の敦賀に到着します。
> 太平洋戦争が始まる頃です。
> ナチスドイツと同盟を組もうとしていた日本なので，捕まるのではないかと思っていました。
> しかし，日本人は珍しい外国の人たちを優しく出迎えてくれたそうです。

ところが，また問題が起きた。

> ビザが「通過ビザ」だと言うのです。
> 通過ビザは，期間が短いので，すぐに日本を出て行かなくてはなりません。

それでは困るので，ある人が当時の外務大臣に相談しました。

4章 成長している子どもの姿を示す参観授業ネタ　109

みなさんが，外務大臣だったら，どのように対応しますか。

先の問題で「その他」だったので，ここではその他が多くなる。

②です。
通過ビザの対応方法を教えました。
通過ビザの延長は，それぞれの地方長官が決められるという抜け道を教えたのです。

①期限を守り，捕(つか)まえる。
②有効期限(ゆうこうきげん)を知った上で見逃(みのが)す。
③その他

松岡(まつおか) 洋右(ようすけ)
②有効期限を知った上で見逃す。

これは結果的に，ユダヤ人を助けることになりました。
杉原，根井，松岡の3人は，国が決めたルールを破ったり，抜け道を教えたりしたのに，正しいことをしたのですか。

どちらの意見も認める。
児童に話させることを重視する。

それから70年後。
次のような出来事がありました。
杉原が助けたユダヤ人の国から東日本大震災で被災した東北に病院が贈られたのです。

杉原　千畝
根井　三郎
松岡　洋右

3人は正しいことをしたのですか。

「正しい」かどうかという判断は，誰にとっても難しいことです。
しかし，これらの日本人のように自分が正しいと思ったことを行動にしていくことができたらよいですね。

（越智　敏洋）

4章　成長している子どもの姿を示す参観授業ネタ

封筒の中にいるのは!?
びっくりバタバタを作ろう

　低学年の実態に合ったレベルの仕掛けである。作っているのを参観しているはずの保護者でも，びっくりする工作ができるので，参観授業にぴったりだ。

1　準備物

　全て一人当たり。子どもが家から準備するのは，輪ゴム，封筒，あればラジオペンチくらいで，他は教師が準備した方がスムーズだ。

- ・針金18cmくらい1本（14番線，1.6mmくらいの太さがよい。あらかじめ教師の方で切っておく）
- ・輪ゴム1本
- ・5円玉1枚（または同程度の直径のワッシャーも可）
- ・封筒1枚（長型4号程度。あらかじめ下から13cmほどで切っておく）
- ・色画用紙（八つ切り程度の大きさ，色は10種類程度用意する）
- ・ラジオペンチ　　・セロハンテープ　　・はさみ
- ・色マジック（紙に色をつけるものなら，なんでもよい）

2　授業

　始めにプロジェクターなどを使って，作り方を示す。TOSSランドNo：1542021「佐藤式工作　びっくりバタバタ」にフラッシュ教材が掲載されている。

> 今日は「びっくりバタバタ」を作ります。作り方です。画面を見ましょう。

〈作り方〉

①	針金を左右6cmほどで曲げる。さらに1〜2cmほど曲げる。ペンチがなければ，手や机で曲げる。	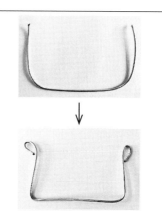
②	5円玉に輪ゴムを通し，上部で重ねた後，そのまま両側に引っ張り，針金に引っ掛ける。	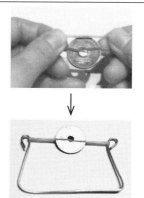
③	画用紙を選び，仕掛けより大きく絵を描く。5円玉が来る付近には絵を描かないように注意する。はさみで絵を切る。	

④	絵の裏側に，仕掛けをセロハンテープで貼り付ける。	
⑤	5円玉を30回ほど巻く。切った封筒の中に，5円玉を巻いたまま入れる。封筒の口を閉じる。	
⑥	渡された封筒を開けると…。	

　教材を見終えたら，子どもに材料を1つずつ配付する。手順に沿ってフラッシュ教材も進めていくと，何をするのか，子どもも分かりやすい。また，「長さ」が未履修の場合などは「指1本分」などと言い換える。

6 cmというのは，だいたい人差し指1本分と同じです。

　出来上がったら，

完成したものを見せに行きましょう。きっとびっくりするよ。

と言い，保護者に見せに行かせる。

　もちろん，ヘビ以外の絵でもよい。子どもたち同士で何を作ったか，当てっこするのも楽しい。

3 参観授業をする上で配慮したいこと

① どんな絵を描けばいいか，なかなか思いつかない子どもに対して

4章 成長している子どもの姿を示す参観授業ネタ　113

画用紙に大体の輪郭を描いたものや，あらかじめヘビやおばけなどのイラストを描いたものなど用意しておく。また，授業前に見本を見せておくことで，どんな絵を描こうかと，考える時間を与えることができる。

② 手先が不器用な子どもに対して

参観授業である。できるだけ子ども自身で作らせたい。見本を見せて自分で気付かせる，子どもたちで教え合う場面を作るなどしたい。

〈作品例〉

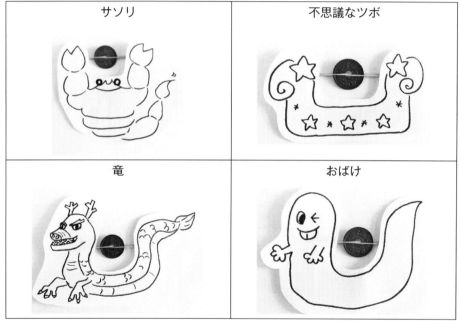

【参考・引用資料】
TOSSランド No：1542021「佐藤式工作 びっくりバタバタ」実践：大沼靖治

（鈴木　朋子）

4章　成長している子どもの姿を示す参観授業ネタ

パーツに分けて活動的な音楽授業

1時間の活動をパーツに分けて行うことで，たくさんの活躍場面を保護者に見てもらうことができる。どの子も活躍する授業で保護者は安心。

1　準備物

鍵盤ハーモニカ（教師用），CD，CDプレーヤー，オルガン，タンバリン，音符カード（掲示用・児童用）

2　授業

1時間の授業を8のパーツで組み立てる。（2年生6月の例）

	活動内容（コマ）	パーツ
1	肩たたき	体ほぐし「どんぐりころころ」
2	手遊び	指あそび「こどもとこどもがけんかして」
3	鍵盤ハーモニカ	タンギング練習・既習曲演奏「かっこう」まねっこ
4	発声　擬音遊び	発声　ゾウ・犬・魔女・マダムの声 歌唱「やまびこごっこ」
5	リズム	手拍子・グループ練習・発表「まつりだわっしょい」
6	教科書の歌	歌唱・手拍子「山のポルカ」 歌唱・輪唱「かえるのうた」 歌唱「ぷっかりくじら」
7	今月の歌	歌唱「にんげんっていいな」
8	退場曲	歌唱・行進・ハイタッチ「さんぽ」

① 肩たたき

(右肩を叩く) 1, 2, 3, 4, 5, 6, 7, 8。
(左) 1, 2, 3, 4, 5, 6, 7, 8。
(右) 1, 2, 3, 4。(左) 1, 2, 3, 4。
(右) 1, 2。(左) 1, 2。(右) 1。(左) 1。拍手。

肩たたきの次に,「どんぐりころころ」を歌いながら肩たたきをする。

② 手遊び

こどもとこどもがけんかして

両手の同じ指同士をつけ, 歌に合わせて指をつけたり離したりする。

③ 鍵盤ハーモニカ

【タンギング練習】

トゥトゥトゥ。(トゥトゥトゥ)

タンギングをまねさせる。いろんなリズムを示す。

【既習曲演奏「かっこう」】

鍵盤ハーモニカの既習曲を歌詞唱した後, 階名唱してから演奏する。
男の子だけ, 女の子だけ, 交互になど, いろんな吹き方をする。

【まねっこ】

まねっこ。今日は, ドレミの中から吹きます。まねします。(ドドド…)

教師がタンタンタンウンのふしを鍵盤ハーモニカで吹き, まねさせる。
(例:ドドド, ドレミ等) 全体の音が澄むまで2～3回吹いてまねさせる。

何の音。

階名 (ドレミ) で歌わせ, 合っていたら「正解」, 間違っていたら「違います」と拍に合わせて言う。教師が正しい階名を歌った後, 児童に歌わせる。

④ 発声　擬音遊び

【発声】

まねします。ゾウ。パオーン。

手を鼻に見立て, 下から上へ振り上げる。

手を上に上げると声が出やすくなる。

「黒板に向かって」「山の方」など，向きを変えながら行う。

犬「ワオーン」，魔女「ヒーッヒッヒッヒ」も同じように行う。

マダム「まあ，奥様〜」「今日は参観日ザマス」「ホーッホッホッホ」と裏声で保護者の方を向いて声を出させるとうける。

【「やまびこごっこ」】

| やまびこさん。（やまびこさん） |

「やまびこごっこ」の曲に合わせ，やまびこのようにまねをして歌う。

児童と保護者でもまねさせる。

⑤ リズム

【「まつりだわっしょい」】

前時に右の6枚の音符カードを個人に配り，2枚選ばせて手拍子の練習をしておく。

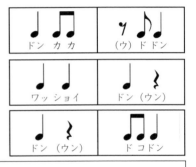

| 今日は，4人で手拍子をします。 |

選んだ2枚のカードのリズムを持ち寄り，グループで順番を決めて練習させる。

| 10回練習したら大人に聞いてもらいます。
「聞いてください」と言って，聞いてもらいましょう。 |

保護者に聞いてもらうようお願いする。

練習時間が終わったら，全員の前で発表させる。

必ず，どのグループも褒める。

⑥ 教科書の歌

【「山のポルカ」】

既習曲なので，CDに合わせて歌わせる。その後，手拍子をさせる。

【「かえるのうた」】

既習曲なので，いきなり歌う。

| クラスを二つに分けます。Aグループ，Bグループ。 |

クラスを右半分と左半分に手で示して分ける。

4章 成長している子どもの姿を示す参観授業ネタ　117

> 輪唱。（Aグループを指し）1番目。（B）2番目。お家の方，3番目。

　保護者を巻き込んで輪唱を行う。
【「ぶっかりくじら」】
　初めての曲なので，1番だけ範唱，もしくはCDで曲を最後まで聞かせる。

> まねします。

　歌詞は見せず，1小節ずつテンポよくまねさせる。CDは使わない。
　2小節，4小節，一緒に歌い，歌詞を見せ，

> 交代で歌います。

　2小節ずつ交代で歌う。教師と児童，男女。最後はCDに合わせて歌う。
　⑦　今月の歌
【「にんげんっていいな」】
　CD音源で歌う。「いいないいな」で手を左右に振る。
　⑧　退場曲
【「さんぽ」】
　曲をCDで流して，1番だけ歌う。

> 2番は，歩きます。タンバリンの合図で歩く方向を変えます。

　2番は，教室を歩かせ，教師が叩いたタンバリンを合図に，方向を変える。

> 3番は，先生について歩きます。お家の人とハイタッチ！

　教室を1周し，保護者とハイタッチ。音楽が鳴り終わるまでに座らせる。

【参考・引用資料】
飯田清美『向山型で音楽授業―コマとパーツでこうつくる―』（明治図書）
飯田清美編『"コマとパーツ"で音楽授業をこう組み立てる』（明治図書）
小原光一『小学生の音楽2　指導書　研究編』（教育芸術社）

（吉良　由美子）

4章　成長している子どもの姿を示す参観授業ネタ

ゲームと仲良く付き合っていこう

1　準備物

・年齢区分マークの印刷物

2　授　業

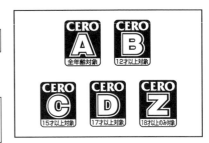

> 好きなゲーム，したことのあるゲームを言ったら座ります。全員起立。

と言って立たせ，指名なしで発表させていく。

　普段遊んでいるたくさんのゲームソフトが発表される。同じものでもよい，とすることで全員発表できる。

> どのゲームにも必ずついているマークがあります。
> これは何を表しているのでしょう？

年齢に着目させながらヒントを出すと分かる子が出てくる。

> 「年齢区分マーク」といいます。
> 怖いシーンや暴力をふるうゲームなどは，みんなが買ったり遊んだりできないようにこのマークがついています。

　日本では人気の「仮面ライダー」も，アメリカでは規制の対象であることなどを伝えると盛り上がる。

> みんなはどのマークがついているゲームはしてよいのですか？

学年によるが，小学校だとA～Bのマークとなる。

> では，Aのマークがついていたら何時間でもゲームしてもよいのですか？

「だめ～」と大勢の子どもが声をそろえる。

4章 成長している子どもの姿を示す参観授業ネタ

> なぜだめなのですか？ ノートに書きなさい。

「ずっとゲームばかりすると目が悪くなるから」
「宿題をする時間がなくなるから」
「お母さんに怒られるから」

などの答えが出てくる。

> そうだよね。ゲームはしてはいけないもの以外にも使い方のルールを守ることが大切です。自分の家にゲームのルールがあるという人？

内閣府の調査では約半数の家庭にルールがある。学級も同じような割合になる。どのようなルールがあるか挙手させ，順番に答えさせる。

> いろんなルールがありますね。先生も考えてきました。いいルールだと思うものに手を挙げましょう。
> 1　部屋を明るくしてゲームをする。
> 2　ご飯を食べる時にゲームはしない。
> 3　ゲームをしていいのはリビングだけ。
> 4　ゲームをしていい時間は，1日1時間以内。
> 5　さらに1週間に2回だけできる。

1，2は全員が手を挙げる。その他は挙げにくそうにする子がいる。

> 今言ったルールは守らないといけないものではありません。家に帰ってみんなのお家の人と相談して決めたらいいですよね。

教師の経験があればしてあげるとよい。（私は上記のルールだった）

> 今日の感想と，どのようなルールを作ろうと思うか書きなさい。

時間があれば，どのようなルールを作るか宣言させると教室が盛り上がる。
クラス全員がルールを作ることで守ることの共有化を図ることができる。

【参考・引用資料】
内閣府「平成22年度青少年のゲーム機等の利用環境実態調査」
特定非営利活動法人コンピューターエンターテインメントレーティング機構
http://www.cero.gr.jp/

（柳田　俊樹）

4章　成長している子どもの姿を示す参観授業ネタ

スマホって本当に便利なの？

　スマートフォン（スマホ）の普及によりSNS，オンラインゲーム等々，小学生でも自分だけの空間を持つ機会が増えた。一方で，コミュニケーション能力の未熟な児童にとってネット上に潜む落とし穴も多い。参観を通して保護者にも考えてもらう機会になる。

1 準備物

・本ページのコピー
・パワーポイントでデータを作ると，最新の内容に更新しやすい。

2 授業

> 「パソコン」を使ってできることを一つでも知っている人は立ちなさい。

　「ゲーム」「メール」「調べもの」「チャット（SNS）」「音楽」「動画」等が挙がる。
　発言を一人一つにしぼらせ，多くの児童に活動させる。幅広く意見を認めていく。

> その中で「スマホ」にはできないことを言える人？

　パソコンにできる大抵のことはできる。
　パソコンとスマホの共通点を確認することで，スマホに馴染みがない児童でも，本時のイメ

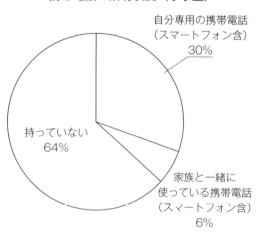

携帯電話の所有状況（小学生）

- 自分専用の携帯電話（スマートフォン含）　30％
- 持っていない　64％
- 家族と一緒に使っている携帯電話（スマートフォン含）　6％

4章 成長している子どもの姿を示す参観授業ネタ　121

ージがしやすくなる。

> 「スマホ」はとても便利です。
> みんなが言ったようにパソコンと同じような使い方ができます。
> 携帯電話を持っている小学生のうち，約三人に一人がスマホだそうです。

保有率・利用目的を板書やパワーポイントを使って確認していく。

> でも，スマホを使う機会が増えた分，事件に巻き込まれることも増えました。
> どんな事件がありそうか隣の人と相談しなさい。言える人？

出た意見を積極的に認めていく。

普段使っている児童にとっては知っていても言いにくい内容かもしれない。

① 個人情報の流出
② 金銭の奪取
③ SNSやプロフ等でのいじめ
④ ネット依存症
⑤ 紛失

などを提示する。

インターネット利用時間（小学生）

- 3時間以上4時間未満 1%
- 分からない 9%
- 使っていない 14%
- 2時間以上3時間未満 1%
- 1時間以上2時間未満 14%
- 30分以上1時間未満 13%
- 30分未満 48%

> ①は電話番号や住所，名前等のことです。
> ②は実際にお金を請求されたり盗られたりすることです。
> ③はチャット等，インターネット上の書き込みによるいじめです。
> ④は色々な理由でスマホがないと不安でたまらなくなる状態です。
> ⑤は気を付けていても盗まれてしまう場合です。
> 自分は大丈夫だという人？

理由を聞いていく。

「知った人としか関わらないから」

「気を付けていれば大丈夫」

と考える児童もいる。

> これは大丈夫？　絶対大丈夫だと思うものには挙手しなさい。
> ①　電池長持ちアプリを公式ストアで発見。すぐにダウンロードした。
> ②　LINEの無料スタンプを紹介されダウンロードした。
> ③　ゲームの中で1回300円のくじ引きをした。
> ④　友達しかいないグループの中で冗談のつもりで悪口を言った。
> ⑤　うわさ話をツイッターでもつぶやいた。
> ⑥　なくしたスマホを拾ってくれた人と会うことになった。

全てに危険が潜んでいることを告げる。

> 普段の会話とインターネットの書き込みとの違いはなんでしょう。
> 言える人？

表情が分からない。
文字だけだから上手に気持ちが伝わりにくい。

> そうです。気持ちを伝えることは難しいです。
> 実験します。同じ言葉を,冷たい・優しいの2通りの言い方で伝えます。
> どんな気持ちになりますか。
> 冷たい：も〜,○○さん何やってるの。
> 優しい：も〜,○○さん何やってるの。

冷たい言い方,優しく認める言い方にして違いを言わせる。
さらに,表情を付けたり付けなかったりするとコミュニケーションの苦手な児童にも違いが明確になる。

> 「インターネットの世界」では相手の顔は見えないけれども,それを使っているのはみんなと同じ人間です。たとえ冗談であっても悪口を書き込めば「インターネットの世界」では取り返しのつかないことになります。「侮辱罪」という犯罪になります。表情を持っていない「インターネットの世界」では,書き込まれた内容で全てを判断されてしまうのです。
> 今,お家でインターネットを使う時のルールがあるという人？
> 特にルールはないという人？

4章 成長している子どもの姿を示す参観授業ネタ 123

| なんとなくあるという人？ |

インターネットに接続できる端末がより個人的な機器へと変化してきている。

保護者であっても子どもの様子を完全には把握しにくい状況もあり得るため，ルールの必要性について触れる。

| ルールって聞くとしてはいけないことや窮屈に感じることばかりを思い浮かべるかもしれないけど，実は，一人で解決できない時に身を守ってくれたり，嫌な思いをせずに済んだりするためにあるものです。今まで勉強した中で必要だと思うルールについて隣の人と相談しなさい。 |

ルールというと抵抗を感じる児童もいる。何のためのルールであるか趣意説明を入れる。

① アプリを勝手に入れない
② フィルタリング
③ 使用時間
④ 書き込みをする際のマナー（ネット上のエチケット）等を提示する。

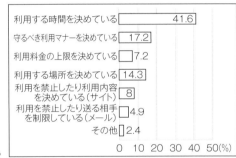
家庭のルール（小学生）

| ルールはみんなやお家の人の考え方によって色々あっていいよね。でも，まだこれからインターネットを使う人も含めて全員で守る必要があるものはあります。もし，書き込みが原因でトラブルになっても誰にも相談できない場面だって考えられます。友達との関係や，これまでのやりとりの流れがあるからです。でも，それが実際に起こった時にみんなは対応していかなければいけません。高学年のみんなは，そこまで分かった上で使わなければいけませんね。 |

最後に今日の勉強の感想を書かせる。

【参考・引用資料】
内閣府「平成25年度青少年のインターネット利用環境実態調査報告書」

（有本　一裕）

4章　成長している子どもの姿を示す参観授業ネタ

ルール作りの大切さに気付かせるLINEの授業

　学校ほど，親子で「携帯電話の使い方」について考えるきっかけ作りをしやすい環境はない。携帯電話を使う際の「ルール作り」の大切さに気付かせることができる参観授業おすすめの道徳の授業を紹介する。

1　準備物

・ヒントや選択肢を提示するためのパワーポイント資料
【事例1】【事例2】などは，【参考・引用資料】の映像を活用するとより視覚的に訴えることができる。

2　授業

① 「LINE」の特徴

板書：○○○○の正しい使い方

○に入るものの名前を考えさせる。

ヒント1　日本で4500万人以上が使っています。
ヒント2　世界で1億5000万人以上が使っています。
ヒント3　日本で作られたアプリです。

正解は「LINE」。無料で通話とメールができるアプリだ。
なぜ「LINE」はこれほど人気なのかを考えさせる。

①　○○で通話とメールができるから（無料）
②　ス○○○がかわいいから（スタンプ）
③　グ○○○でのチャットが簡単だから（グループ）

○に入る言葉を考えさせ指名する。
「LINE」のよさを示した上で，右図のような選択肢を出し，児童自身の考

えを持たせる。それぞれ、子どもたちと保護者に挙手をしてもらい、数を板書する。

② **事例から「LINE」の危険性を知る**

Sさんの、次のような使い方から困ったことを考えさせる。

あなたはLINEを…
① 使っている
② 使ってみたい
③ よく考えて使いたい
④ 使わない

① 複数のグループチャットを楽しむ
② 1日8時間以上使う
③ ほぼ毎日夢中で眠れない

当然困ったことが起きる。どんなことが困ったのか、近くの人と相談させる。（意見を聞いてから以下のことを伝える）

【事例1】テストの点数が5教科で100点落ち、成績が下がりました。

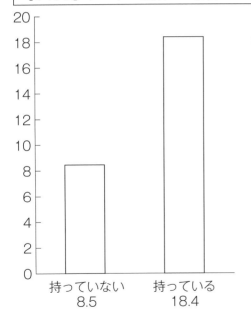

1日8時間以上を費やすため、宿題ができなかったのが理由だ。

ちなみに、スマートフォンを持っていない小学生の高学年の10人に1人が12時より遅く寝ている。スマートフォンを持っている小学生だと10人中何人が12時より遅く寝ているか考えさせる。

（数名を指名する）約2倍以上の10人に2人が毎日12時より遅く寝ていることが分かる。※1より作成。

【事例2】Sさんは，たくさんのメールに返事を返せなくなり，LINE をあまりやらなくなりました。すると，学校で無視をされたり，仲間はずれにされるようになりました。

読んだのに返信をしないと「既読スルー」といって無視をしたことになります。仲間はずれにされたくないから止められなかったり，返信しないことでいじめや暴力などの事件になることも多いのです。

③ 状況を直すために大切なこと

どうしたらSさんの状況を直すことができるでしょうか。

Sさんの状況を直すには？
① 「○○（寝れない）から，
　○○（夜）はやらない」
　とできない理由を事前に伝える

② 家族と相談し，**使う場所や時間などのきまりを作る**

③ 30分に1回ほど**休憩する**

近くの人と相談させる。子どもたちに一通り聞いた後，学年委員の保護者の方などを指名して伺うとよい。

左図のような専門家の対応例を示し，子どもたちと保護者に伝える。

最後に，もう一度「LINE」に対する考えを聞く。

私の学級では次のような結果であった。

①	使っている	4名	→	2名
②	使ってみたい	18名	→	14名
③	よく考えて使いたい	0名	→	6名
④	使わない	2名	→	2名

授業の中で，学級の子どもたちの考えが変化する姿を見ると，保護者も子どもたちの実態をつかみやすい。また，家庭でのルールが守られないと，事例のように困ったことが起きてしまう。子どもたちの状況に応じて，家庭におけるスマホの使用ルールや持たせ方について話し合うきっかけにしていただきたい。

3 授業後の子どもたちの感想

> 　私は，スマホを持っていないから友達がしているのを見てやってみたいとか思っていました。「使ってみたい」に手を挙げていましたが，色々先生の話を聞いていたら，やりすぎはだめなんだなとかマナーを守らないと危険だなとか思って，やり方を考えて使いたいと思うようになりました。
> 　お母さんもたくさん使っているから，あまり長いこと使わないように，今日の授業を他の人にも伝えようと思います。

> 　私はLINEを使っています。私もスマホを持っているけど，そんなことを知りませんでした。でも，使いすぎてSさんのようになるのは嫌なので，携帯電話は時間を守って使いたいです。
> 　私は道徳でLINEの授業を受けたことを考えながら，これからも使っていきたいです。

> 　今日，「LINE」のことを学びました。分かったことは，「LINE」をして友達を作りすぎたり，何時間もやってしまったりするとトラブルが起こることです。
> 　だからぼくは，「LINE」は，今のところ使いません。今日の「LINE」の勉強をして，とてもよかったなあと思いました。

　学級に「LINE」をしている子どもたちはほとんどいなかった。「よく考えて使いたい」と6名の子どもが挙手をしたが，それ以外の子どもたちのほとんどが「正しく使っていきたい」と感想を書いている。子どもたちに携帯電話の「光と影」の部分を教え，携帯電話を正しく使える力を身に付けさせていきたい。

【参考・引用資料】
※1　竹内和雄『家庭や学級で語り合うスマホ時代のリスクとスキル』（北大路書房）
　2　磯村毅『親子で読むケータイ依存脱出法』（ディスカヴァー・トゥエンティワン）
　3　NEWSJAPANネット依存症特集 http://www.fujitv.co.jp/nj/netaddict_01.html

（大松　幹生）

4章　成長している子どもの姿を示す参観授業ネタ

小学生だから素直に学べる お金の困らない使い方

月に約5000名が自己破産している。

お金の使い方を学ぶのは，まだ素直な小学生から始める必要がある。

子どもたちがお金の扱いで困らないように，その「使い方」について学ぶ参観授業を行う。

1 準備物

・パワーポイント資料（一度作成すると学年などで一緒に使うことができる）

2 授業

> 買い物に行きました。
> どのノートを選びますか。

うさぎの表紙や1冊当たりいくらかなどの意見が出る。

どのノートを選びますか。
（ア）　（イ）　（ウ）
100円　120円　3冊で270円

> どのような買い方ができますか。

右に挙げたもの以外では，オークション，自動販売機，携帯電話やスマートフォン，はがきなどが挙がった。

ノート・洋服・食べ物などは，「どのような」買い方ができますか。
・お店
・テレビ
・カタログ
・インターネット
・雑誌

4章 成長している子どもの姿を示す参観授業ネタ　129

| 何で支払いましたか。 |

お金，プリペイドカード，クレジットカード以外では，金券が挙がった。

また物々交換という発表もあった。あり得るが一般的ではないという話もした。

児童が将来接する機会の多い「プリペイドカード」と「クレジットカード」について説明する。

| みんなが使う可能性が高いのが次の２種類です。
| コンビニなどで売っている「プリペイドカード」，お父さん・お母さんが持っている「クレジットカード」です。

また，ネットバンクでのお金の扱いも増えていることについても説明した。

クレジットカードのよいところを説明する。

| クレジットカード，便利です。
| 大きく四つのよいところがあります。

よくない部分について考えさせる。

| しかし，よくないところもあります。
| お隣の人と相談しなさい。

まずは隣の人と話をさせる。

| あとで発表します。
| よくないところをノートに書きます。

ノート・洋服・食べ物などの買い物は，「何で」支払いをしますか。

お金　　プリペイド　クレジット
　　　　カード　　　カード

プリペイド　　クレジット
カード　　　　カード
⇩　　　　　　⇩
始めに　　　　あとで
お金を払う　　お金を払う

クレジットカードのよいところ

1　今，お金がなくても買える。
　（あとで払えばよい）
2　50万円分まで買える。
　（カードによって違う）
3　インターネットでの買い物がラク。
4　ポイントが貯まる。

考えた内容をまとめさせる。

> 発表します。

小さなグループでの話，ノートにまとめるという段階を踏むことで，スムーズに発表できるようにする。

> みんな発表してくれたように，「使いすぎる」ことが考えられます。

クレジットカードのよくないところ

1　お金をあとで払えばよいので，使いすぎてしまう場合がある。
2　気を付けて使わないと，個人情報を盗まれる場合がある。

> でも，大人です。
> 「お金を使いすぎる大人」なんているんでしょうか。

いると答えた児童が圧倒的に多かった。
自己破産した件数を提示する。
(「自己破産」「件数」でインターネット検索するとすぐに出てくる)

> 年によって異なりますが，1～2万人の人がお金に困って自己破産しています。

> みんなはどのようにお金をもらいますか。

複数回答あり，お小遣いが約半分，お駄賃が3分の1，必要な時が約半分，もらわないがゼロだった。

> では，みんなのお金の使い方は，どれが多いですか。

「①いつも，全部使う」も35名中5名いた。

> 500円もらったとして，いくら使って，いくら貯めるかを考えましょう。

みんなの「お金」のもらい方
①　お小遣い
②　お駄賃
③　必要な時にもらう
④　もらわない

みんなの「お金」の使い方
①　いつも，全部使う
②　いつも，いくらか貯めておく
③　時々，全部使う
④　時々，いくらか貯めておく

全部使う　　　　2名
100円貯める　　3名
半分貯める　　　たくさん
全部貯める　　　10名
となった。

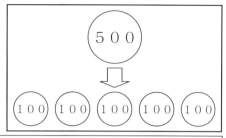

> なぜそれを選んだのか，他の考えよりもよい理由は何か，他のはどうしてよくないのか，などをこれから発表します。

討論形式で発表させる。
教室では「半分貯める」対「他の考え」という構図となった。
最後に教師がまとめる。

> みんなが大人になった時，お金の使い方を知らないと困ります。
> 一度お金がないという状態になると，そこから抜け出すのは大変なのです。ぜひ，お家で今日勉強した内容をもう一度話してみてください。

【学級通信で紹介】

その後，学級通信で授業内容と私の考えを紹介した。

> 基本的に，このような勉強は「家庭で行うもの」です。
> ですから，ご家庭のルールを最優先で，子どもたちとお金の話をしていただければと思います。
> 昨今，お金の使い方が大きな問題になっています。
> お金は計画的に「貯めて」，計画的に「使う」ものですが，それができなくて生活できなくなる20代〜30代が急増しています。
> このようなお金の問題は，人生に関わります。
> 夢が潰える，やりたいことができなくなる，といったことが起きますから。
> 今のうちに習慣化して，自立する時の力となればよいなと思います。

(越智　敏洋)

5章　全ての子どもが発言！　参観授業ネタ

どの子も声を出して笑顔になれる楽々暗唱授業

1時間の授業の中で，緊張する場面を作る。理由は，自信を付けさせるためだ。普段から簡単な言葉や詩の音読や暗唱を人前で行い，緊張する場面に慣れさせる。参観授業でも保護者に見てもらい，さらに自信を付けさせる。

1 準 備 物

・話す聞くスキル1年
・詩を拡大した掲示物
・タイマー
・短冊（B4用紙を縦に4等分したもの）

2 授 業

始めに簡単な言葉などで声を出したり，一人ずつ言わせる場面を作ったりして，場に慣れさせる。

黒板に「あ」と書く。

| 読みます。（「あ」）|

大きく「あ」書く。

| さんはい。（「あ」）|

小さく「あ」と書く。

| さんはい。（「あ」）|

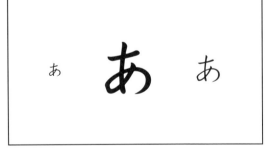

児童は，説明なしで，文字の大きさに合わせて声の大きさを変えて読む。

| びっくりして。（「あ」）|

他に，悲しそうに，ひらめいて，あくびして，あごが外れた，0点…など。

| グラウンドに向かって。（「あ」）|

他に，お家の人へ，隣の教室へ，富士山へ，ありんこへ，宇宙人へ…など。

> 一人ずつ。この列起立。

列指名で，いろんなバリエーションを指示し，順番に言わせる。

声が小さいなど，配慮が必要な子には，「こっそり」「図書室で」などと，あまり声を出さなくてもいいような題を出して褒められるようにする。

> 声が通っているね！ 口が開いている！ いい表情！ 笑顔がいい！ おもしろい！ 楽しそう！ 悲しそう！ 視線がいい！ 手も付けてる！ よっ，役者！…など。

一人一人，コメントを入れる。

> 今日はこれを暗唱するよ。

前に教材を貼る。または，プロジェクターで映す。
「あいうえおまんじゅう」（話す聞くスキル1年）を出させる。

> 「あいうえおまんじゅう」先生に続けて読みます。

かきくけ…と続ける。

> 交代読み。あいうえ（おまんじゅう）

教師と児童が交互に読む。終わったら，児童が先で教師が後。

> 「あいうえおまんじゅう」の題の右に丸を10個書きます。
> 今で，2回読んだことになるので，2個，色を塗りなさい。

丸に色を塗らせる。

> 始めから。

一斉に読ませる。男子だけ，女子だけなど。
1回読むごとに，丸に色を塗らせる。

> スピードアップ！ さんはい。

「さんはい」をゆっくり言ったり速く言ったりしてテンポを調整する。
後ろを見て，空を見てなど，変化をつけた読み方で何度も練習させる。

> 半分，隠しても読めるかな？

掲示した資料を半分隠す。児童の詩を下敷きなどで隠させる。

> 忘れたら見てもいいです。さんはい。

だんだん隠して暗唱をさせる。

| 全部。できるかな？　チャレンジ！ |

できたか，聞く。

| たけのこ読み。好きな行を一つ選び，丸をします。 |

たけのこ読み。印をつけたところだけ立って音読する方法だ。

| 先生と勝負です。立って好きな行を読みます。
| でも，前の人との間が途切れたり誰も立って読む人がいなかったりしたら，先生が読みます。そうなると，みなさんの負けになります。
| 今なら，読むところを変えてもいいですよ。
| 始めの行，読む人起立。 |

成功するまで行う。

| トンネル読み。今度は，今，丸を付けたところから読みます。 |

トンネル読み。印のところから，または印のところまで音読する方法だ。

| 今度は，丸を付けたところまで読みます。 |

| 練習をして覚えます。読んだら丸に色を塗っていきます。 |

児童自身で練習させる。

| 時間は5分。お家の人に聞いてもらってもいいです。
| お家の人が来ていない人は，お友達のお家の人か先生に聞いてもらいます。 |

タイマーをかける。

教師は，保護者が来ていない児童の音読を聞く。

| 暗唱テスト！
| 友達の暗唱を聞いている間は，声を出しません。
| 間違えないで暗唱できたら合格です。
| この列起立。 |

一人ずつ聞いていく。詰まったら，笑顔で，

| 次，がんばってね。 |

と言って，座らせ，2巡目で聞く。一巡したら，練習タイムを設ける。

> 練習タイム。合格した人は，小さい先生です。
> 聞いてもらいましょう。

全員が合格するように練習させる。

> みなさん，よく覚えました。
> では，みなさん，ニュースキャスターのように読みましょう。さんはい。

姿勢をよくして読ませる。

> 楽しく暗唱できました。

自分たちで「あいうえお」の詩を作らせる。

> あいうえ　お○○○○

板書をする。

> 「お」のつく食べ物，何があるかな。

おにぎり，おこのみやき，おせんべい，おすし，おまめなど。

> ペアで食べ物「あいうえお」の詩を作ります。
> かきくけこ，まみむめも，どこでもいいです。
> 一つできたら，短冊に大きく書いて持ってらっしゃい。
> 考えた人の名前を書いておきましょう。

持ってきたら，2人で読ませて前に貼る。どんどん作らせる。

最後，全員の前で発表させる。

各行を分担して作って，クラスオリジナルの詩にしても盛り上がる。

グループで一つ作って，発表させることもできる。

【参考・引用資料】

TOSSランドNo：5576684「あいうえおで遊ぼう」実践：佐藤美

（吉良　由美子）

5章　全ての子どもが発言！　参観授業ネタ

黒板の前に子どもがずらり，ノートに式がずらり

　まず，三つの足し算の和が9になる式を考えさせる。これなら全ての子どもが発言できる。1年生で学習する内容だからだ。そこから不思議な数字並べへと発展させる。得意な子も満足する。

1　準 備 物

　特になし

2　授　　業

同じ数字が入ります。 分かる人？ （「□＋□＋□＝9」を黒板に書く）

全てに同じ数字を入れる
$$\Box + \Box + \Box = 9$$

　手を挙げさせる。
　授業の最初なので，全員が挙げていないかもしれない。
　そこで，

もう分かったの？　すごいなぁ。

などと褒めておいて，まだ挙手をしていない子のための時間を稼ぐ。
　これはすぐに「3」だと分かる。

正解！　よく分かりましたね。

授業の始めは特に力強く褒める。

同じ数字だと分かりやすいですね。 　では，違う数字でも式が作れますか？ 　できる人？

違う数字を入れる
$$\Box + \Box + \Box = 9$$

　同様に，早く手を挙げた子を褒める。

数名を立たせて式を言わせて黒板に書く。

> すぐに式が出てくるなんてすごいなあ。
> まだ式はありますね。
> このように箇条書きにしてありったけ書きます。
> 式と式の間は1行空けるのですよ。

① 1＋2＋6＝9
② 2＋3＋4＝9
③ 5＋1＋3＝9

クラスの実態にもよるが，八つくらい書けたらノートを持ってこさせる。既に三つ書いてあるので，残りは五つでよい。

ノートに丸をつけながら，褒める。

・きれいに書けているね。
・もう書けたの？
・ちゃんと1行空いているね。
・がんばったね。
・まだ書けそうだね。

保護者も自分の子どもが褒められるところを見るのはうれしい。

褒めながら次の指示を出す。

> 黒板に一人一つずつ書いていきます。

黒板に書くのは普段から練習しておく。

黒板はすぐに式でいっぱいになる。（下のようになる。式はまだある）

□＋□＋□＝9

| 1＋2＋6＝9
1＋3＋5＝9 | 2＋1＋6＝9
2＋3＋4＝9 | 3＋4＋2＝9
3＋1＋5＝9 |
| 4＋2＋3＝9
4＋3＋2＝9 | 5＋1＋3＝9
5＋3＋1＝9 | 6＋1＋2＝9
6＋2＋1＝9 |

黒板は混雑するが，一人一つの式なのですぐに全員が書ける。

> 同じ数字の組み合わせでもいいのですよ。

早く書けた子が暇を持て余さないように指示を与える。

> 黒板に書いたら続きを書いておきます。

5分ほどで黒板がいっぱいになる。

子どもたちのノートもいっぱいになる。

> 今日はこの式を使って，不思議な数字並べに挑戦します。

そう言って次の図を示す。

> 1，2，3，4，5，6までの数字を一つずつ使ってどの辺の和も9になるようにします。
> どのようにすればよいですか。
> 難しいので4人グループで取り組みます。

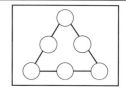

いきなり取り組ませてよいが，ルールを理解させるために教師が例示する。

> まず，先生がやってみます。
> これでいいですか。
> だめですね。
> それぞれの辺の和が9になっていないからです。

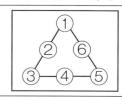

これでだいたいのルールは理解できる。

> 先生はできませんでしたが，みなさんならできそうですか。
> できそうな人？
> 不安な人？
> 分からなかったら先生に聞きにきてもかまいませんからね。

よく分からない子にはヒントとして数字を直接ノートに書いてあげる。

この場合，頂点の数字が必ず1，2，3になるので，それを書いてあげるとよい。

早くできた子は黒板に書かせる。

まだやっている子には，

> どうしても分からない時には黒板を参考にしてもかまいません。

と言っておくと手が止まることが少なくなる。

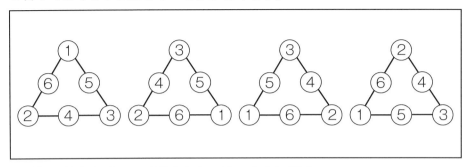

黒板の答えを眺める時間をとり，次のように問う。

> 答えの頂点の数字を見て何か気付くことはありませんか。

・全て1と2と3。
・全て足すと6になる。

などが出るだろう。

> よく気が付きましたね。
> 実は，この数字並べにはルールがあるのです。
> 和が9の場合は，頂点の和が6になります。
> では，和が10の場合はどうなると思いますか。

これは，子どもたちには難しい問題だ。

> 保護者の方に聞いてみましょうかね。

などと言うと，保護者の方が騒然となる。
もちろん正解が出たら，大きく取り上げる。

> 実は，和が10の場合は頂点の和は9になります。
> やってみたい人？

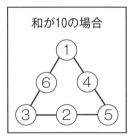

そう言って保護者の方々にもグループの中に入ってもらい，同様にして取り組むと盛り上がる。

（佃　深生）

5章　全ての子どもが発言！　参観授業ネタ

なが～い回路から，日本の最先端「超伝導」の勉強

大きなものや長いものに子どもは興奮する。

100mの回路を使って豆電球がつくかという導入から，電気の勉強，これから開通するリニアモーターカーの勉強を行う。

大人でも知的に学べる1時間となる。

1　準備物

- 30cmの回路，100mの回路（ホームセンターで一番細い電線を購入する）
- 豆電球　1個
- 電池　1個
- 提示用資料（パワーポイントなどで作成しておく）

2　授業

事前に教室や廊下に100mの回路を張り巡らせる。

児童は「何？」と聞いてくるが「参観で使う」程度の説明に留めておく。

短い回路を提示する。

| 明かりはつきますか。 |

つく。

| 回路と言います。さんはい。
復習でした。 |

既習事項について，確認する。

| 教室や廊下に回路を張り巡らせました。
みんなで持ち上げましょう。 |

1　同じ明るさでつく
2　ほんの少しつく
3　つかない

全部つながっているということが楽しいようだ。

> この回路，100mあります。
> 明かりはつきますか。

選ばせる。
実際につけて見せる。
ほんの少しだけ明るくなる。

> 正解は2の「ほんの少しつく」です。
> 回路を通っている間に電気がなくなることを「電気抵抗」と言います。

電気抵抗を視覚的に学べる。

> 日本全国の電気抵抗を集めると，家庭で使う電気量の何軒分になると思いますか。数字でノートに書きなさい。

予想を書かせ，発表させる。
一人を指名し，「それより多いと思う人，同じ，少ない」と挙手をさせると，全体を巻き込める。

電気抵抗
家庭で使う電気量
10000000軒分

> 電気抵抗だけで1000万軒分です。
> 原子力発電所の電気量に直すと6機分になります。
> これが使われることなく，電気抵抗としてなくなっていきます。

もったいないという声が上がる。

> ところが電気抵抗がゼロになるという現象があります。
> 「超伝導」と言います。
> さんはい。
> 電気抵抗が全くない状態です。

説明なので，テンポよく進める。

> オランダの物理学者カリマン・

オランダの物理学者
カリマン・オンネス
1911年
水銀の超伝導を発見

オンネスが100年以上前に水銀が超伝導になることを発見しました。

それからいろんな物質での超伝導が探されました。

何種類くらいが超伝導になることが分かったと思いますか。

元素周期表を提示する。

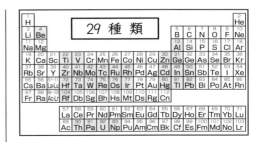

29種類です。

たくさん見つかった。

しかし，問題がありました。

冷やさないといけないのです。

何度まで冷やすのでしょうか。

選択肢を提示する。

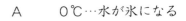

Dの絶対零度近くまで冷やす必要があります。

とっても難しいことです。

どこでできたら，もっと便利に使えるようになりますか。

Cとなる。

安くて便利な液体窒素で冷やして，超伝導になったら便利です。

元素と元素を合わせた化合物で，世界中の科学者や物理学者が探し始めました。

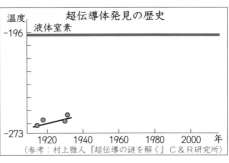

最も高い温度の超伝導体は，2013年に日本が見つけている。

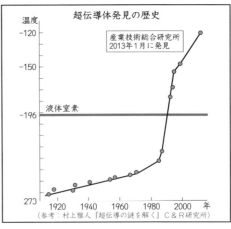

5章 全ての子どもが発言！ 参観授業ネタ 143

電気が全く無駄にならない技術です。
みんなだったら、どこに使いたいですか。
「超伝導○○」とできるだけたくさんノートに箇条書きにしなさい。

教室では、蛍光灯、パソコン、テレビ、リモコン、ゲーム、エアコン、洗濯機、冷蔵庫、自転車、自動車、スーパー、ロボットなどが挙がった。

否定せず、受け入れながら話を聞く。楽しい雰囲気の中で、たくさんの発表がある。

実際に使われているもの、もうすぐ使われるものもあります。
例えば、リニアモーターカーです。
東京から名古屋の間で通ることが決まっているリニアモーターカーには超電導磁石というものが使われます。

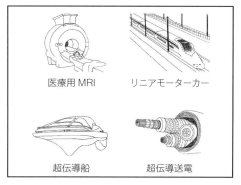

医療用MRI　　リニアモーターカー

超伝導船　　　超伝導送電

上海でもリニアが走っているが超伝導ではない。

初めに使った100mの回路も、超伝導技術を使うと、少しも暗くならずに電気が使えます。

感想を書かせて終える。

(越智　敏洋)

●コラム　教室に常備しておくとよい、参観グッズ

最新技術を学ぶ機会も必要だ。
授業参観のような場で行うと、保護者も知らなかった情報を知ることができ、家庭での話題となる。
超伝導技術は、「送電」にも使われようとしている。実用化は先だが、サハラ砂漠で作った電気を日本で使うといったことも考えられている。

5章　全ての子どもが発言！　参観授業ネタ

島である沖ノ鳥島を守る

1　準備物

・沖ノ鳥島に関する写真（googleで「沖ノ鳥島」と入力すると多数出てくる）パワーポイントなどにまとめておくと便利である。

2　授業

> 地図帳を出します。沖ノ鳥島，見つけられた人は座ります。全員起立。

活動から入る。10人ほど座った頃に座った子どもからヒントを出させる。

> この島は日本の端にあります。どの方角でしょうか。

最南端。東京都であることを知らない子どももいる。

> この島はどのような特徴を持っているでしょう。

自由に発表させる。沖ノ鳥島の上空からの写真を提示し，北小島・東小島に着目させる。

> 満潮時，島の大きさはどれくらいになっているでしょう。どれか一つに手を挙げましょう。
> 　1　運動場ぐらい
> 　2　教室ぐらい
> 　3　机ぐらい

島がチタンの防護壁に囲まれた写真を提示し，潮が満ちると約16cmが海上に顔を出し，2畳ほどの大きさが残るだけであることを伝える。
子どもたちからは「えー，そんなに小さいの？」と驚きの声が上がる。

> こんな小さな島ならいらないと思う人。

いる・いらないで半数ぐらいに分かれる。

いると思う人，いらないと思う人，それぞれ理由を書いてみましょう。

ノートに書かせた後，指名して答えさせる。

「人が住めないから」

「こんな小さな島あっても必要ないから」

「島の周りで漁をしていると思うから」

「地下にはお宝が眠っているから」

みんなで読みます。
排他的経済水域，さんはい。

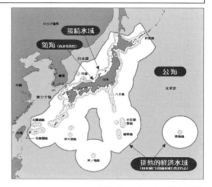

（引用：海上保安庁）

右図を提示し，沖ノ鳥島がどれに当たるか説明する。

排他的経済水域とは，陸からある距離までの海や資源を自国のものとするということです。沖ノ鳥島の排他的経済水域がなくなるとどれくらいの大きさがなくなるのか，一つに手を挙げましょう。
1　運動場ぐらい
2　北海道ぐらい
3　日本の地面全部ぐらい
4　もっと大きい

図を指しながら発問すると子どももイメージしやすい。

正解は日本の国土面積と同じぐらい，実際には国土面積よりも少し大きいと教えると「嘘やー」という子が出てくる。そのような場合には日本の国土面積を地図帳で調べさせ，沖ノ鳥島の排他的経済水域を計算してやれば，実感を伴った理解をさせることができる。

【計算方法】　排他的経済水域は200海里　1海里＝1852m
沖ノ鳥島の周り200海里はほとんどが海のため，円の面積で求められる。
つまり，$(1852 \times 200) \times (1852 \times 200) \times 3.14 = 430795.9424$ km²
日本の国土面積は377960km²のため，排他的経済水域の方が大きい。

> 　沖ノ鳥島の近くは，みなさんが大好きなマグロがよくとれ，地下資源も豊富にあると言われています。
> 　こんな小さな島はいらないという人。いるという人。

いるという人が大半になる。

> 　しかし，沖ノ鳥島を，島ではないという国があります。どこでしょうか。

韓国や中国，アメリカの名前が出る。

> 　正解は，お隣の中国と韓国です。二国は「島」ではなく「○」だと主張しています。漢字一文字，何でしょう。

正解は岩である。すぐに答えが出ると思われるが，出にくい場合には沖ノ鳥島の写真を再提示すれば思いつく。

> 　みなさんは「島」だと思いますか。「岩」だと思いますか。隣の人と相談してみましょう。

島だと思う理由，岩だと思う理由をノートに書きなさい。
クラス全体でだいたい半分に分かれる。

> 　国際条約ではこのようになっています。赤い字だけ読みましょう。
> 　第121条　島の制度
> 1　島とは，【自然に形成された陸地】であって，水に囲まれ，満潮時においても【水面上にある】ものをいう。（【　】：赤字）
> 　沖ノ鳥島はこの条約と照らし合わせると「島」ですか。「岩」ですか。お隣と説明し合いましょう。

自然にできたものであり，水に囲まれ，水面上に出ている沖ノ鳥島は島である，と説明できるとよい。

> 　実はこの条文には続きがあります。
> 3　人間の居住又は独自の経済的生活を維持することのできない岩は，
> 　排他的経済水域又は大陸棚を有しない。

子どもの顔から迷いの顔が出てくる。

> 　ここに人は住んでいましたか？

住んでいないと子どもは答える。

> この条約を守るためにはどのようにすればよいですか？

（独自の）経済的生活をする，が答えとなる。

> 人が住んでいないため，日本はこの沖ノ鳥島や周辺の海で経済的活動をしています。どのような活動をしているのでしょうか。一つ書けたら前に持ってきます。

教科書や資料集で調べてもよいこととする。

「サンゴの増殖」

「漁業の振興」

などの意見が出ると予想される。

その他に灯台の設置，海洋温度差発電の研究，港湾設備による輸送や補給の活動拠点とするための建設などが挙げられる。

> 漁業や地下資源を守るために，沖ノ鳥島は大きな役割を担っています。日本にとってとても重要な島なのです。みなさんも正しい知識を持って外国の人と議論ができるように，今日の勉強をしっかり覚えておきましょう。
> 今日の時間の感想を書きましょう。

時間があれば指名なし発表をさせる。

【参考・引用資料】

山本皓一『日本人がいけない「日本領土」』（小学館）

中内康夫ほか『日本の領土問題と海洋戦略』（朝陽会）

海上保安庁　http://www.kaiho.mlit.go.jp/

総務省統計局　http://www.stat.go.jp/

（柳田　俊樹）

6章　教室の雰囲気を盛り上げる！　参観授業ネタ

鳴き声のまね遊び

「コマとパーツ」で授業を組み立てる。「コマとパーツ」とは１時間の授業をいくつものコマによって組み合わせた授業システムのことである。歌・器楽・リズム活動など多くの活動から，生き生き活動する子どもの姿を保護者に見せる。ここでは，歌のコマについて記述する。

1 使用教材

教育出版　『音楽のおくりもの　２年』「虫のこえ」

2 準備物

・音楽の指導書に付いているCD

3 授業

　今日お勉強する曲は「虫のこえ」（２年）です。聴きます。歌わずに聴きます。

河原木孝浩氏（岩手県内公立小学校教諭）によると，最初に歌わせないのは，メロディーをしっかり聴かせるため。特に，低学年は最初から自己流で歌おうとする。最初に違うメロディーを覚えてしまうと，修正することが難しい。また，他の子もつられてしまう可能性が高い。

　イメージしたこと（思い浮かんだこと）・気付いたこと・感じたことをノートに書きます。

【思い浮かんだこと】では，その曲にしかない独特の言葉が出てくる。【気付いたこと】では，半分はその曲独特のこと，半分は他の曲でも言えること。【感じたこと】では，他の曲でも言えることばかりになる。

低・中学年では，三つが混ざることが多い。子どもたちの意見のグループ分けは，高学年からでよい。
【思い浮かんだこと】
C「いろんな虫が鳴いていました」
C「秋の虫が，たくさん鳴いていました」
【気付いたこと】
C「虫の鳴き声が出てきました」
C「2番までありました」
【感じたこと】
C「おもしろい曲でした」
C「涼しくなるような曲でした」

| ノートに，どんなことを書きましたか。

　どんなことを述べても，共感し，認め，褒めることがポイント。

| 教科書（教育出版）26ページを開けます。
| 初めに出てくる虫は何ですか。

マツムシ。

| 見たことありますか。
| 教科書28ページに写真が出ています。どんな声で鳴くかな。

チンチロ　チンチロ　チンチロリン。

| 先生のまねをします。チンチロ　チンチロ　チンチロリン。

チンチロ　チンチロ　チンチロリン。

| 他に，どんな虫がいますか。

スズムシ。

| 見たことありますか。どんな声で鳴くかな。

リンリン　リンリン　リーンリン。

| 先生のまねをします。リンリン　リンリン　リーンリン。
| 他に，どんな虫がいますか。

コオロギ。

| どんな声で鳴くかな。 |

キリキリ　キリキリ。

| まねします。キリキリ　キリキリ。 |

キリキリ　キリキリ。

| まだいますか。 |

クツワムシ。

| どんな声。 |

ガチャガチャ　ガチャガチャ。

| ガチャガチャ　ガチャガチャ。さんはい。 |

ガチャガチャ　ガチャガチャ。

| まだいますか。 |

ウマオイ。

| どんな声。 |

チョンチョン　チョンチョン　スイッチョン。

| チョンチョン　チョンチョン　スイッチョン。 |

チョンチョン　チョンチョン　スイッチョン。

鳴き声のまね遊びを通して，子どもの興味を高めていく。

| 鳴きまね検定。この列起立。先生が虫の名前を言ったら，鳴き声を歌います。マツムシ。さんはい。 |

チンチロ　チンチロ　チンチロリン。

| 上手。本物のマツムシみたい。今度は，この列起立。スズムシ。さんはい。 |

リンリン　リンリン　リーンリン。

| きれいな鳴き声。すぐそこにスズムシが，いるみたい。今度は，この列起立。コオロギ。さんはい。 |

キリキリ　キリキリ。

| すてき。今度は，この列起立。クツワムシ。さんはい。 |

ガチャガチャ　ガチャガチャ。

6章 教室の雰囲気を盛り上げる！ 参観授業ネタ　151

> すごいぞ。たくさん虫が増えてきた。この列起立。ウマオイ。さんはい。

チョンチョン　チョンチョン　スイッチョン。

> いいね。たくさんのきれいな鳴き声の虫が出てきました。
> マツムシやスズムシを見つけた時，○○マツムシが♪○○スズムシも♪と歌います。○○に入る同じ言葉は何ですか。

あれ。

> 見つけた時に，ちょっと驚いて「あれ？」と言っているんですね。
> 「あれ」だけ歌います。「あれ」。

「あれ」の意味を事前に説明し，これを歌で表現するようにつなげていく。歌い出しの「あれ」は，「ソ」→「ミ」と音が低くなっている。しかし，指揮では手の動きを下げない。驚いている感じが出ないからだ。

> 今日のまとめに，最初から歌います。

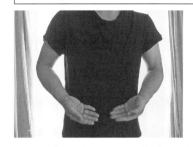 →

　CDをかけながら，教師が上記の点（写真）に気を付けて指揮をする。

【参考・引用資料】
飯田清美『続・向山型で音楽授業』（明治図書）
吉川廣二編著『大きな声で立派に歌う"クラス合唱"小学担任が振る魔法のタクト』（明治図書）

（森本　博道）

6章　教室の雰囲気を盛り上げる！　参観授業ネタ

勝って優勝，負けても優勝！もちろん0枚もすてき！

1　準備物

・名刺大の色紙カード（5枚×人数分）
　※同じ色のカードでよい。保護者の分も想定して少し多めに用意する。

　子どもたち同士でするじゃんけんゲーム。ゲームに勝つためにはどうすればよいかを考えるうちに，友達とのかかわり方について考えを深める。保護者も巻き込んだ学級活動。

2　授業

> これからじゃんけんゲームをします。
> 今からこの青い色画用紙を配ります。
> 一人5枚です。

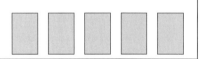

班長などに代表で取りに来させる。

> 友達とじゃんけんをして勝ったらカードを1枚もらえます。
> 負けたらカードを相手に1枚あげます。
> 3分後に一番多くのカードを持っていた人の勝ちです。
> 何か質問はありますか。（次のような質問がなくても教師が伝える）

子ども：もしカードが1枚もなくなったらどうするのですか。

> カードがなくなっても，ゲームはできます。
> その場合，負けてもあげるカードがありませんね。
> だから，あげる必要はありません。

子ども：同じ人と何回もやってもいいのですか。

> だめです。

6章 教室の雰囲気を盛り上げる！ 参観授業ネタ

> 1回のゲームの中で同じ人とできるのは1度だけです。

> 他にはありませんか。
> では，始めます。
> 全員起立。
> よういい，始め！

3分間ほど時間をとる。（途中で残り時間を伝える）

> 時間です，席に戻ります。
> 全員起立。
> 自分の枚数で座ります。
> 0枚の人，座ります。
> 1枚。
> 2枚。
> 3枚…（このようにして自分の枚数のところで座らせる）

だんだん立っている子が少なくなる。
残っている子に視線が集中する。

> 今回は10枚獲得で…Aくんの優勝です！（拍手）
> 優勝なのでヒーローインタビューがあります。

そう言って優勝した子に感想を言わせる。

> みなさん，なぜAくんが優勝したのだと思いますか。

何人かに聞く。

・やる気があったから
・じゃんけんが強いから
・色々な人としたから
・こつがあるから
・今までたくさんの人としたことがあるから

そこで，

> 優勝するには秘密があるのかもしれないですね。

> では，もう1回やってみますか。
> やりたい人？

たくさんの手が挙がる。

> では，次はルールを一つ変えます。
> じゃんけんをして，負けた人がカードをもらえます。
> ということは，さっき0枚だった人たちに優勝のチャンスがありますね。
> 後ろにいるお家の人にもカードを渡します。
> どんどん挑戦してください。

このルール発表で子どもたちは騒然となる。
カードを一人5枚に戻す。

> 第2回戦，「負けるが勝ち」
> よういい，始め！

子どもたちの動きが明らかに変わる。
さっきよりもたくさんの子とじゃんけんをしようとする。
保護者も巻き込んでのじゃんけんの大合戦。
3分後，子どもたちを着席させて枚数を聞く。
優勝した子（Bさんとする）にインタビューした後，次のように言う。

> みんな，さっきよりたくさんの人とじゃんけんができましたね。保護者の方とできた人もたくさんいました。
> 先生は気付いたことがあります。優勝したAくんとBさんに共通することがありました。それは，どちらも「たくさんの人と勝負をしていた」ということです。
> 誰と仲良しだからとか，男女に関係なく，たくさんの友達とじゃんけんができていました。自然とたくさんの友達とできていたのです。とても素晴らしかったですね。

6章　教室の雰囲気を盛り上げる！　参観授業ネタ　155

ここで子どもの何人かに感想を聞く。
参観している保護者に聞くのもよい。
その後，次のように語る。

> 　実は，他にもたくさんの人とじゃんけんができていた人がいました。
> 　誰だと思いますか。
> 　そう，0枚の人たちです。
> 　1回目と2回目で0枚だった人，立ちましょう。

そう言って0枚だった子を立たせる。

> 　何度もじゃんけんをして自分のカードが0枚になるくらい，たくさんの友達とじゃんけんをしたのです。
> 　結果的に枚数は0でしたが，たくさんの友達とできた証拠です。
> 　0枚の子がいるから優勝する子がいるのです。
> 　0枚の人たちのがんばりもよかったですね。

子どもたちは次のような感想を書いた。

- 私は優勝した人も0枚だった人もがんばったと思いました。なぜなら優勝した人は，いろんな人とやったからです。0枚の人は何人ともやっていて，0枚になったと思いました。だから，またやりたいです。
- 今日，じゃんけんゲームをしました。ぼくは鬼ごっこをする時に男の子としかしていませんでした。でもこれから女の子とも一緒にやりたいと思います。男女関係なくやりたいです。
- 優勝できなかったけど楽しかったです。なぜなら色々な人とできたからです。もう1回したいです。次は勝ちたいです。
- 1回目は0枚で，2回目はいきなり6枚もとれて，とてもうれしくて楽しかったです。また今度ぜったいにやりたいです。だからまた今度もやってください。

（佃　深生）

6章 教室の雰囲気を盛り上げる！　参観授業ネタ

保護者&外部講師とのコラボでさらに熱中百人一首

授業参観で五色百人一首をするととても喜ばれる。それは，

> 子どもたちが男女ともに仲良く，集中して試合をしている様子が見られる

からである。

取り組み方としては，次の3パターンが考えられる。

① 授業の開始5分を使い，普段通り取り組む
② ①に加え，保護者も一緒に取り組む
③ かるた協会から外部講師を招き保護者も一緒に取り組む

ここでは，①と②を兼ねるため③の組み立てについて述べる。

1　準 備 物

・五色百人一首（学級の半数分）
　※体育館での準備物は後述

2　授業の目玉

「全日本かるた協会」は，「小倉百人一首」の競技かるたを普及している団体である。ホームページ（http://www.karuta.or.jp）から連絡をとり講師の依頼をした。

> 競技かるたの魅力を，生のデモンストレーションで感じてほしい

ためである。

実際に有段者の方の競技を見せていただくと，子どもたちからは，「取るのが速くてびっくりしました」「百人一首ってすごいと思いました」などの感想があがった。

「畳の上のスポーツ」と称される競技かるた「百人一首」の魅力を体感するには，ライブが一番である。

ただし，50枚で行う通常の競技かるたでは，一試合見るのに30分かかってしまう。そのため，かるた協会の方と事前に打ち合わせをし，

| 五色百人一首の20枚を使って試合をしていただく方がよい。 |

こうすると，短時間で競技かるたの魅力を実感することができる。

3 授業の流れと準備

事前に下記の準備をしておくと，体育館などの広い場所でもスムーズに進行することができる。

事前の準備物
・名札（ガムテープに名前とアルファベットの記号を書いておく）
・コーン（張り紙にアルファベットの記号を書いておく）
・百人一首（20枚×組数）
・座布団（各自で持参）
・案内＆参加申し込み文章作成
・謝礼（公費で交通費のみお支払いした。事前に聞いておくとよい）
・マイク（体育館で使用する場合に必要）
・暗唱シート（試合で使う20枚を縮小コピーをして配付しておく）
・学年便り（暗唱について）

体育館に全員を集め，次のように指示を出す。

司会の指示
　これから親子ペア同士の4人で百人一首の試合をします。
　名札（ガムテープに名前と記号を記入したもの）と同じ記号の書いたコーンの場所へ，座布団を持って移動してください。

> 司会の○○です。よろしくお願いします。
>
> 　それでは，さっそく本日のゲスト，全日本かるた協会の○○先生と○○先生と○○先生です。(事前にお名前を聞いておき，こちらで紹介する)
>
> 　よろしくお願いします。

　２クラス48名で行ったため，以下のような場作りをした。

　体育館のステージ側には畳の代わりにマットを２枚敷き，かるた協会の方にデモンストレーションをしていただく場所とした。

体育館での場作り（例）

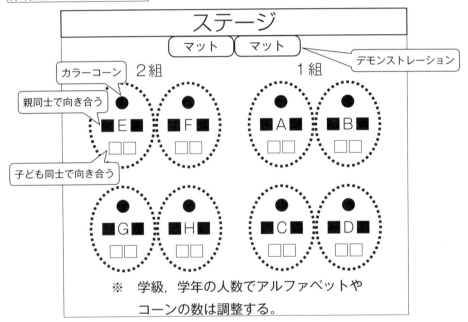

　また，対戦の組み合わせは，あらかじめ次のようにして決めておくと素早く対戦することができる。

> ①　事前に参加者確認用紙を配付し，提出してもらう
> ②　基本的に「親子 VS 親子」の組み合わせを作る
> ③　保護者同伴でない場合，子ども同士の組み合わせを作る

　また，ルールは普段通り行うが，保護者のために「お手つきのルール」を

説明しておくと安心して参加していただける。

1試合目終了後の移動は，以下のように進行した。

> 司会の指示
>
> 　それでは，2試合目は同じクラスの勝ったペア同士，負けたペア同士で行います。勝ったチームは立ってください。
>
> 　例えばAとBで勝ったチームはCとDで勝ったチームと対戦します。移動してください。

試合後は，子どもたち何名かに感想を聞き，かるた協会の先生方にお礼を伝えて授業を終えるとよい。親子みんなで知的に盛り上がる参観の授業になるだろう。

> 　ちなみに，教室で「五色百人一首」だけをする場合は，教室の座席で「親VS子」の対戦をすると，事前の準備なしで簡単に行うことができる。

4 事前の案内の例文〜学年便り〜

お知らせ

〜1月の参観「かるた名人と遊ぶ！お正月百人一首体験」〜

日　時：○月○日（木）10時30分〜11時35分
内　容：100枚のうち、指定の20枚で競技をします。
　　　　親子対親子のふれあい百人一首体験です。
　　　　かるたの名人が見せてくれるデモンストレーションもお楽しみに！
持ち物：座布団、防寒具
お願い：学年便りと同時に、出欠席の確認用紙をお配りしています。ご記入いただき、担任まで提出をお願いします。
　　　　百人一首の暗唱カードを裏面に印刷していますので、ご活用いただき、冬休み中に一枚でも多く覚えてきてくださいね。

==============切り取り==============

○月○日までに担任まで提出してください。
「お正月百人一首体験」に参加・・・

　　　　　する　・　しない

　　　お子さんのお名前（　　　　　　　）

（大松　幹生）

6章　教室の雰囲気を盛り上げる！　参観授業ネタ

戦隊ヒーローはいつだって遅れてやってくる

1年生を迎える会での出し物。時間は4〜5分。当日は1年生の保護者も来るが，それ以外の学年の保護者はほとんど来ない。4月の参観授業の5分ほどを使って披露する。ネタは流行っている戦隊ヒーローもの。保護者が参観する場なので，子どもたちにとってよい練習となる。

1 準 備 物

・戦隊ヒーローもののCD（「烈車戦隊トッキュウジャー」など）

2 授　　業

　今年の1年生を迎える会，こんな出し物をしようと思います。

子どもたちにそう言って次のような台本を配り，参観日までに練習する。

```
1：1年生のみなさん，○○小学校へようこそ！〈手を広げるポーズ〉
2：ようこそ！（全員）〈手を広げるポーズ〉
3：ぼくたち4年生は1年生と会うのをとても楽しみにしていました！
4：ぼくたちはいつだって，
5：1年生の味方です！〈肘を曲げて「よっしゃー」のポーズ〉
6：味方です！（全員）〈肘を曲げて「よっしゃー」のポーズ〉
7：困ったことがあったらすぐに解決します！〈敬礼のポーズ〉
8：解決します！（全員）〈敬礼のポーズ〉
9：何でも言ってくださいね。〈すぐに全員座る→ここから寸劇〉
10：えーん，トイレの場所が分からないよう〜。分からないよう〜。
　　（1年生役3人）
11：どうしたの？（通りがかり役3人）
```

12：トイレに行きたいのに，場所が分からないの～。（1年生役3人）
13：そうか～。でも大丈夫！ ○○（学校の名前）戦隊4年ジャーを呼ぼう！（通りがかり役3人）
14：おーい！ ○○戦隊4年ジャー！（通りがかり役3人）
15：4年ジャー！（全員）〈音楽スタート〉
16：○時○分○時○分○○戦隊4年ジャーが発車いたしまーす。
　〈4年ジャー役の5人が走って登場→音楽ストップ→決めポーズ〉
17：○○戦隊4年ジャー！（全員：4年ジャー！）
18：大丈夫！ ぼくたちがついているよ。トイレはあっちだ！ GO！ GO！ GO！ GO！ GO！
19：GO！ GO！ GO！ GO！ GO！（全員）
20：ありがとう4年ジャー！（1年生役3人）〈寸劇終了→全員起立〉
21：ぼくたちはいつだって1年生の味方です！
22：困ったことがあったらいつでも4年生に相談してくださいね。
23：あっ，もう行かなくちゃ。
24：またね。
25：ばいば～い。
26：ばいば～い。（全員）〈手を振る〉

27：これで○○戦隊4年ジャーの出し物を終了いたしまーす。最後までどうもありがとうございました～！
〈全員で音楽に合わせてリズムよく走って戻る〉

一通り終わったら保護者の方に感想を聞く。

> 来週の1年生を迎える会で今の出し物をします。
> ぜひ皆様からご感想をお願いします。
> よかったところや，もうちょっとがんばった方がいいところを教えてください。きっと子どもたちの励みになるはずです。

保護者の近くに行き，手をマイクに見立てて一人一言ずつ聞いていく。
参観の場で，担任以外に褒められることが中学年には結構きく。（佃　深生）

| 6章 | 教室の雰囲気を盛り上げる！　参観授業ネタ |

全員参加でワトソンくん体験
―宝探しイベント―

学期途中の達成パーティーや，１日参観の息抜きなどにイベントとして行うと楽しくできる。

1 盛り上がる仕掛け作り

場　所：教室
　　　　身近な場所がよい。また，広すぎない場所を選択する。
隠す物：ビー玉
　　　　大１個，小60個（児童数×２）用意する。

2 ルール説明

　「○○達成おめでとう」ということで，先生とお家の方で出し物をします。
　宝探しです。

これだけでも盛り上がる。
静かにさせて，話を続ける。

　先生は毎年教室で宝探しをしますが，全部見つかったことはありません。
　先生は隠すプロなのです。
　お家の方がそれに加わったら無敵です。
　だから，みんなが全部を見つけられるとは思っていません。

児童をあおる。
盛り上げるようにニコニコと話をする。
「絶対見つける！」
「何を隠すの？」

といった声が多く出てくる。

> ルールの説明です。
> 1 みんなに教室を出てもらい、隣のランチルームで待ってもらいます。
>   その間に先生とお家の方で隠します。
> 2 隠す物は、ビー玉です。
>   大きいものが1つ。
>   小さいものが……60個です。
>   たくさん隠します。
>   みんなが見つけられた方が楽しいですからね。
> 3 探す時間は、15分。
>   その間に、
>   A 大きいビー玉を1個見つけたらみんなの勝ち。
>   たった1つでよいです。
>   B 小さいビー玉を60個中「59個」見つけたらみんなの勝ち。
>   1つくらい探せなくてもオマケしてあげましょう。

説明は、隠す前に行う。
公平性を保って、スタートを切るためだ。
その後、移動させ、静かに待機させる。

3 絶対に見つからない隠し場所

過去3～6年生で実践して、見つからなかった場所を紹介する。
保護者も苦笑いするような場所だ。

> スピーカーの中
>   ドライバーでネジを外すと、中は空洞だ。そこに入れる。
>   ドライバーはヒントとして教卓などに置く。
>   お父さん向けの隠し場所だ。

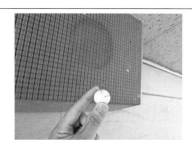

整理した本の隙間 　新書と文庫はサイズに差がある。その隙間に入れる。 　お母さん向けの隠し場所だ。	
ゴミ箱の裏 　紙で包んでガムテープなどで隅に固定する。	

「本気でやりましょう！」と声をかけると，ノリのよい保護者の方も本気で場所探しを始める。

4　楽しむための指示

移動前の指示。

> 今から教室に戻ります。
> 戻ったら，自分の机に戻ります。
> みんなが同時にスタートするためです。

スタート前，保護者も児童もニコニコする。

教室で全員が座ってから注意をする。

> 1　15分です。
> 　　5分と10分で途中経過を聞きます。
> 2　絶対に隠していない場所があります。
> 　　先生の机とイスです。
> 　　ですから，ここには触りません。
> 3　無茶をして，ケガをしないように気を付けます。

5 まとめ方

途中経過を確認しながら進める。

> 5分では15個，10分では57個まで探せました。

時間と数字を板書して，一目で分かるようにする。
時間になったら，まとめる。

> 念のため，もう一度数えます。

○個。

> みんなの負けです。
> 先生とお家の方たちの隠し場所がよかったのでしょうね。
> それでは，隠し場所を教えます。

勝ちならば，うんと褒める。
児童が見落としていた場所は，3の隠し場所のどこかになる。

> ○○くんのお母さん，本棚辺りにありますよね。

保護者の方に活躍してもらう。
最後はスピーカーの中に隠した方に，ドライバーを渡す。

> では，□□くんのお父さん，例の場所，お願いします。

ずるい！　といった声がたくさん上がる。

> いつもはないドライバーが，先生の机にありました。
> 名人級の宝探しならこれに気が付いたはずです。
> でも，みんなは気が付かなかった。
> 先生とお家の方たちの本気とは，このようなものです。

笑顔で説明しながら，まとめて終える。

（越智　敏洋）

6章 教室の雰囲気を盛り上げる！ 参観授業ネタ

三角形・四角形の学習はパズルで楽しく締めくくる

　小学校3年生の算数では正方形，長方形，直角三角形を学ぶ。参観授業で，それらを学んだ集大成として，折り紙を使ったパズル遊びを行う。

1 準備物（一人当たり）

・折り紙（4～5枚。色はバラバラでよいが，白を必ず入れる）
・はさみ
・色鉛筆（クーピー等）
・のり

2 授　業

　今まで色々な図形の勉強をしてきました。今日はお家の人にそのがんばりを見てもらいましょう。まずは，折り紙で長方形を二つ作りましょう。

折り紙を1枚配る。

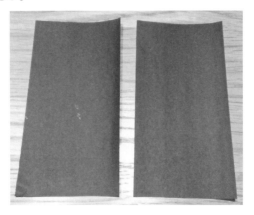

6章 教室の雰囲気を盛り上げる！ 参観授業ネタ 167

授業でやったことと同じでよい。算数が苦手な子どもも，経験がある活動なので，自信を持って集中して作業できる。

> お隣と確認してください。できましたね。次はその長方形を一つ使って正方形を二つ作ります。

同じように，

> 今できた正方形を一つ使って，直角三角形を作ります。

最後に，

> 三つの図形は何で囲まれていますか。そう，辺です。辺は直線です。しっかり覚えていましたね！　すごい！

ここからが本番である。新しい折り紙を渡す。

> では，これからみんなにパズルを作ってもらいます。折り紙を3回，直線で切ってください。ただし，長方形，正方形，直角三角形になるように切ります。

子どもたちがどのような図形に切ろうか考え，折って，はさみを入れる。黙々と作業する時間になる。

| できたらお隣と交換して，元通りにしてもらいましょう。 |

3回切るだけでは，そこまで難しくない。子どもたちもすぐに解くことができるだろう。

そこで，

| 次は4回切ります。今度はどうかな。 |

4回になると難しくなってくる。小さすぎたり，台形等他の図形を作ったりしていないか，机間指導する。

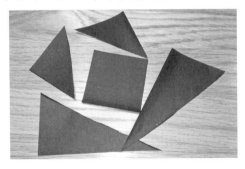 

最後に白い折り紙を配る。

| 最後は5回切ります。難しくなるので，好きな絵を描いてもいいです。ただし，長方形，正方形，直角三角形になるように切るのは変わりません。 |

6章 教室の雰囲気を盛り上げる！ 参観授業ネタ　169

 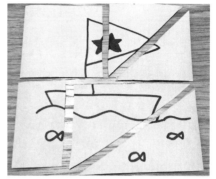

　ここでお隣や他の友達，お家の方にも一緒にパズルを解いてもらう。お家の方も一緒にパズルを作ってもらうのもよいだろう。集中するところ，楽しく活動するところのメリハリを作る。
　まとめとして，

> 今日はパズルを作って，長方形，正方形，直角三角形のまとめをしました。せっかく作ったパズルです。ノートに貼りましょう。

　そのままだとゴミになる可能性がある。形の確認をしながらノートに貼らせ，授業をまとめたい。

（鈴木　朋子）

●コラム　教室に常備しておくとよい，参観グッズ

① 折り紙…メッセージカードや、切り絵作りなどに。
② 輪ゴム，割り箸…輪ゴムは折り曲げたくない作品を持ち帰らせる時に。割り箸は工作で穴を開ける時などに。
③ 原稿用紙…数分でできるチャレラン，授業の感想用紙に。
④ 忘れた子ども用のはさみ，のり等…保護者が来ている前で，恥ずかしい思いをさせないように。

6章　教室の雰囲気を盛り上げる！　参観授業ネタ

お姫様だっこ&ぐるぐるリレーで グラウンドに響く大歓声

前半では，クラスが仲良く活動する様子を見せる。
また後半では，ぐるぐるリレーで男女の一体感を演出する。
明るく楽しい学級であることを，体育の参観で保護者に知らせられる。

1　準備物

・バトン2本

2　集合と整列

簡単な集合から行う。

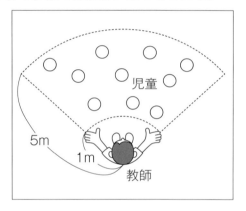

集合！

早く集まれた児童を褒める。
児童だけではなく，保護者に向けても集まることの趣意を説明する。

> 集合と整列は違います。
> 集合は「集まるだけ」です。
> 普段は，これぐらいのところにいればよいのです。（右上図参照）
> もちろん，これだけではいけません。
> 整列も必要です。
> これは「集まって並ぶ」ことなので，ちょっと難しいです。
> 中学年以上だったら両方できることが大切です。
> みんな自身のためです。
> 両方が素早くできると，遠足や運動会で，みんなが遊んだり，活動したりする時間がたくさんできます。

6章 教室の雰囲気を盛り上げる！ 参観授業ネタ　171

このような話は，普段から何度も繰り返して行う。

> では，男子2列，女子2列。
> 整列！

趣意を説明し，やり方が分かっていたら，児童は早くできる。
それを褒めて，活動をスタートさせる。

3 準備運動

男子同士，女子同士で2人組を作らせる。

> 背中を合わせて，ぎっこんばったんを10回ずつします。

背中を合わせ，腕を組む。
その後，背中に相手を乗せる。
教師と児童で例をやってみせてから，児童にやらせる。
「うわ～」「うお～」と言った声が，笑顔で漏れてくる。

> ペアを替えなさい。

何度もペアを替える。
このような場面でも趣意を話す。

> 誰とでも仲良くペアを組めるというのは，とっても大切なことです。

授業参観の様子を知らせる学級通信では，次のように書く。
「ペアを組みますが，短時間で替えていきます。またペアは一瞬で組ませます。人間関係作りのためです。子どもたちは，教師が指示しないと『仲良し同士』でペアを組みます（大人だってそうです）。必要な場面で，ためらいなくペアを組み活動をするというのは，大切な力なのです」

> おんぶで10歩歩きます。

体格差があるペアでも
「ちょっとでよいからやってごらん」
とやらせる。
完全にはできなくても体重を乗せることはできる。
他にも，

> だっこで歩きなさい。
> お姫様だっこで歩きなさい。
> ぎっこんばったんの状態で歩きなさい。

様々な形で体つくり運動をする。

> おんぶの状態から，足を着けずにだっこの状態にしなさい。

盛り上がる運動だ。

「落ちる～」

と言いながらも，挑戦する。

4 ぐるぐるリレー

全員を集めて，説明する。

> これから「ぐるぐるリレー」をします。

実際に児童を動かしながら，説明する。

> クラスを２チームに分けます。
> 一人が１周。
> バトンを持って走ります。

スタート地点は２カ所となる。下図のＡとＢだ。

同時に同じ方向に走り出し，どちらかのチームが追いついたら勝ちとなる。

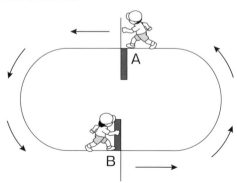

バトンミスがあったり，転んだりとハプニングがあるが，それも応援に変わっていく。

グラウンドであれば，小さなトラックを描き，走らせる。

体育館であれば，カラーコーンでトラックを作る。

> 走る人たちも，見ている人たちも，ぐるぐると回るので「ぐるぐるリレー」です。勝敗は簡単。追いつかれたら負けです。

走る前から興奮し始める。

> みんなはトラックの中で座って待ちます。
> 次の順番になったら立ちます。

2名ほど，実際にゆっくり走らせて教える。

教える際には，勝敗のルールだけではなく，立ち上がらないことやトラックから外に出ないといったことも教える。

興奮して出てくるからだ。

> 1回走ったら，列の一番後ろです。
> お家の方は，トラックの中から応援してください。
> よーい，スタート！

児童もお家の方たちも，ぐるぐると回りながら応援する。

「○○，がんばれ！」
「行けっ，行けっ！」
「もうすぐバトンだ！」
といった全力の声援が響く参観となる。

（越智　敏洋）

6章　教室の雰囲気を盛り上げる！　参観授業ネタ

予測不可能！　踊る新聞紙

新聞紙を使った参観授業。場所は体育館で行うのがおすすめ。

1　準備物

・新聞紙（クラスで3部くらい）

2　授業

> 今日の授業では，これを使います。

そう言って新聞紙をひらひらと見せる。

子どもたちの表情がぱっと明るくなる。

> まずは，新聞体操をします。

教師は体育館のステージ上に立つ。

この方が，子どもたちからよく見えるからだ。

> みなさんは，今からこの新聞紙です。
> この新聞紙が動くように動きます。

このように指示を出して，新聞紙を次のように動かす。

A：ひらひらさせる。（手や体を「ぐにゃぐにゃ」と動かす）
B：左右に振る。（右へ動いたり，左へ動いたりする）
C：床に置く。（床に寝そべる）
D：床から上に引き上げる。（上にジャンプする）
E：ぐしゃぐしゃに丸める。（小さくなる）
F：床に転がす。（床の上を転がる）

教師が役者になり，笑顔で行う。

> 次は新聞絨毯です。

6章 教室の雰囲気を盛り上げる! 参観授業ネタ 175

新聞紙をグループにつき1枚渡す。
子どもたちには5〜6人のグループを作らせる。

> この新聞絨毯に全員が乗ることができますか。
> 3秒間乗ることができれば合格です。
> やってみたいグループはありますか。

そう言って,どこかのグループに例示させる。

> 1,2,3,すごい!
> 合格です!
> ナイスチームプレーですね。

笑顔で褒め,全員に拍手を促す。
ここで見たことがヒントになる。
そこで,すかさず言う。

> 次は,新聞紙を半分に折ります。

子どもたちから歓声が上がる。
例示はここまでにして,全てのグループに挑戦させる。
参観している保護者に自分の子どもがいるグループのカウントをお願いする。
教師は各グループを回りながら保護者がいないグループのカウントをする。
新聞紙が小さくなるので,徐々に難しくなる。

> 新聞絨毯がみんなともっと遊びたいそうです。

この後,次のような運動を行うとさらに盛り上がる。

> ・新聞紙を頭や顔に乗せて歩く。
> ・新聞紙をお腹やお尻につけて落ちないように走る。

(佃 深生)

【執筆者一覧】（執筆順）

山岸　良子	滋賀県近江八幡市立安土小学校	
佃　　深生	京都府京都市立吉祥院小学校	
吉良由美子	京都府京田辺市立田辺東小学校	
大西　正宏	京都府向日市立向陽小学校	
橋詰　知志	大阪府大阪市立日東小学校	
森本　博道	京都府京都市立川岡東小学校	
鈴木　朋子	新潟県立はまぐみ特別支援学校	
柳田　俊樹	滋賀県立草津高等学校	
有本　一裕	京都府宮津市立府中小学校	
大松　幹生	京都府宇治市立南小倉小学校	

【編著者紹介】

越智　敏洋（おち　としひろ）

1978（昭和53）年東京都生まれ
2000年奈良教育大学卒
山形県の鶴岡市立朝暘第五小学校，朝暘第四小学校，京都府の志楽小学校，倉梯小学校，総合教育センター，第6向陽小学校，御蔵山小学校，文化政策課にて15年間勤務
その間，京都教育大学教職大学院授業力高度化コースを専攻し修了
TOSS関西中央事務局
TOSSいちばん星代表
Eメール　ochi@first-star2005.net

ほめられ参観授業のネタ

2015年2月初版第1刷刊　Ⓒ編著者　越　智　敏　洋
　　　　　　　　　　　　発行者　藤　原　久　雄
　　　　　　　　　　　　発行所　明治図書出版株式会社
　　　　　　　　　　　　http://www.meijitosho.co.jp
　　　　　　　　　　　（企画）樋口雅子（校正）㈱友人社
　　　　　　　　　　　〒114-0023　東京都北区滝野川7-46-1
　　　　　　　　　　　振替00160-5-151318　電話03(5907)6701
　　　　　　　　　　　　　　ご注文窓口　電話03(5907)6668

＊検印省略　　　　　　組版所　藤原印刷株式会社

本書の無断コピーは，著作権・出版権にふれます。ご注意ください。

Printed in Japan　　　　　　　　　ISBN978-4-18-173722-1

職場の人間関係を快適化
●メンテナンスの極意伝授●

学校のお仕事●毎日すること365日大全

1 校務知識を味方に！　教師習慣のツボ

図書番号　1181　A5判　本体1,760円+税
越智　敏洋 編著

**知らなかった！　では済まされない
校務知識増強の教師習慣例**

学生からいきなり「先生！」と呼ばれ教師の自覚なし一から出発して「先生」になっていく…、誰でも通る道だ。でも…新米といえども学校の仕事全体の一翼！　全体像を知らなくては立ち位置が定まらない！　仕事全体把握の情報と一人前への仕事習慣づくりを開示。

2 学級経営・授業づくりが上手くいく教室習慣のツボ

図書番号　1182　A5判　本体1,800円+税
越智　敏洋 編著

**通知表？　頭になかった新卒期。
そんな体験で語る仕事のツボ**

教師も子どもも笑顔で過ごせる教室にするにはどんなワザがあればよいのか。1年間を見通した学級づくりの急所、授業の進め方や成績のつけ方のキーポイント、学校生活に必要な諸行事とつきあうヒント、研修で力をつけるポイントなど教室経営のコツを紹介。

3 モノの言い方・伝え方―チクチク語・スマイル語使い分け辞典

図書番号　1368　A5判　本体1,800円+税
越智　敏洋 編著

**教師ぶってる奴、大嫌い―
担任女子のキツイ一言にどう反撃**

"とっても言い難いこと"の言い方―匿名編／緊張しがち&いつもと違う場での言い方／気になる?!人への言い方／イイこと&嫌なことの伝え方―バラエティ言葉集／気をつけたい担任学年のものの言い方／「あの人」もこうして切り抜けた"ピンチで言い訳"―傑作選

明治図書　携帯・スマートフォンからは **明治図書ONLINE** へ　書籍の検索、注文ができます。▶▶▶

http://www.meijitosho.co.jp　＊併記4桁の図書番号（英数字）でHP、携帯での検索・注文が簡単に行えます。

〒114-0023　東京都北区滝野川7-46-1　ご注文窓口　TEL 03-5907-6668　FAX 050-3156-2790

＊価格は全て本体価格表示です。

☆学級の状況に合わせカスタマイズ！

向山型スキルの授業パーツ100選

1巻
図書番号 0421
A5判228p
本体2260円+税

2巻
図書番号 0422
A5判216p
本体2360円+税

4巻
図書番号 0424
A5判216p
本体2200円+税

巻	タイトル	仕様
3巻	向山型スキル・社会科の授業パーツ100選 ●谷　和樹・許　鍾萬・澤田　英一 編	A5判216p　本体2260円+税 [図書番号　0423]
5巻	向山型スキル・音楽の授業パーツ100選 ●谷　和樹・関根　朋子・丸山　美香 編	A5判224p　本体2100円+税 [図書番号　0425]
6巻	向山型スキル・体育の授業パーツ100選 ●谷　和樹・溝端　達也 編	A5判208p　本体2160円+税 [図書番号　0426]
7巻	向山型スキル・学級活動の授業パーツ100選 ●谷　和樹・国友　靖夫・佐藤　泰弘 編	A5判224p　本体2200円+税 [図書番号　0427]
8巻	向山型スキル・特別支援の授業パーツ100選 ●谷　和樹・片山　育男 編	A5判224p　本体2200円+税 [図書番号　0428]
新刊 9巻	向山型スキル・小学英語の授業パーツ100選 ●谷　和樹・井戸　砂織・小井戸　政宏 編	A5判224p　本体2360円+税 [図書番号　0429]

明治図書　携帯・スマートフォンからは　**明治図書ONLINE**へ　書籍の検索、注文ができます。▶▶▶

http://www.meijitosho.co.jp　＊併記4桁の図書番号（英数字）でHP、携帯での検索・注文が簡単に行えます。
〒114-0023　東京都北区滝野川7-46-1　ご注文窓口　TEL 03-5907-6668　FAX 050-3156-2790

＊価格は全て本体価格表示です。